DON BOSCO
VERLAG

Für meine beiden Lehrer und Freunde
Friedrich Scheidt und Heinz-Rolf Lückert

[redacted]

Wolfgang Löscher (Hrsg.)

VOM SINN DER SINNE

Spielerische Wahrnehmungsförderung für Kinder

Fotos: Christa Pilger-Feiler

DON BOSCO VERLAG

Die Deutsche Bibliothek – CIP-Einheitsaufnahme

Vom Sinn der Sinne : spielerische Wahrnehmungsförderung für Kinder / Wolfgang Löscher (Hrsg.). Fotos: Christa Pilger-Feiler. – 1. Aufl. – München : Don-Bosco-Verl., 1994
ISBN 3-7698-0753-7
NE: Löscher, Wolfgang [Hrsg.]; Pilger-Feiler, Christa

1. Auflage 1994 / ISBN 3-7698-0753-7

Fotos: Christa Pilger-Feiler, München
Umschlag: Felix Weinold unter Verwendung eines Fotos von Christa Pilger-Feiler
Gesamtherstellung: Salesianer Druck, Ensdorf

Der Umwelt zuliebe gedruckt auf chlorfrei gebleichtem Papier.

INHALT

(Nicht namentlich gezeichnete Beiträge stammen vom Herausgeber)

Vorwort

„Im Empfinden erleben wir uns in und mit der Welt."
Erwin Straus

Während ich an diesem Buch arbeitete, wollten meine Sinne – insbesondere bei schönem Wetter – oft etwas ganz anderes als arbeiten:
Meine Augen wollten das Glitzern des Meeres sehen,
meine Ohren das Rauschen der Brandung hören,
meine Haut sehnte sich nach warmem Sand,
mein Gleichgewichtssinn dachte an einen schwankenden Schiffsboden,
meine Nase wollte eine frische Meeresbrise riechen
und meine Zunge hatte Lust auf einen kühlen Drink.
Damals hatte ich das Buch meines Freundes Rudolf Seitz „Schöpferische Pausen" noch nicht gelesen, sonst hätte ich meine Arbeit vielleicht sofort unterbrochen und wäre zum Segeln gefahren.
Die große Begeisterung von Frau Pilger-Feiler für das Sinnenthema und die der Kolleginnen und Kollegen, die an dem Buch mitarbeiteten, hat meinen „Arbeitssinn" jedoch wach gehalten. Ein herzliches Dankeschön an dieser Stelle an alle Mitarbeiterinnen und Mitarbeiter und vor allem auch an alle Kinder, deren Sinnesfreude uns zu immer neuen Angeboten motivierte.
„Vom Sinne der Sinne" war auch der Titel eines wissenschaftlichen Buches von Erwin Straus (1936[1], leider längst vergriffen).
Das vorliegende Buch will kein Rezeptbuch sein, wohl aber enthält es neben grundlegenden Informationen vielfältige Anregungen, sich mit unseren Sinnen intensiv praktisch und theoretisch auseinanderzusetzen. Die Vorschläge dieses Buches sind sowohl für Kinder im Krippen- wie vor allem im Kindergarten- und auch Grundschulalter gedacht.
Die Fotos von Christa Pilger-Feiler dokumentieren die Praxis. Sie sind während der Durchführung eines Projektes „Sinnenreiche der Kinder" des Schulreferats der Landeshauptstadt München entstanden. Ein Teil der Fotos zeigt, welche Alltagswunder das kreative Auge der Fotografin entdeckt hat.
Christa Pilger-Feiler sagt dazu selbst: „Mit meiner Arbeit möchte ich mich und andere daran erinnern, daß wir unsere Antennen trotz aller vorgegebenen Programme einstellen auf das Besondere, den Sinn und die Bedeutung des uns gerade Begegnenden. Wir spiegeln uns in allem."

Sieben Punkte erscheinen mir bei der Wahrnehmungsförderung besonders wichtig:

1. Jedes Kind hat ein Recht auf seine eigene Wahrnehmung und seine eigene Interpretation der sogenannten Wirklichkeit.
2. Nicht die Zahl der aufgenommenen Eindrücke entscheidet über die Qualität der Wahrnehmung, sondern das konzentrierte und intensive Einlassen auf einen Gegenstand. Sinnlichkeit braucht Besinnlichkeit. „Der Geist ist nicht eine Scheune, die man

Abb. 1: Sich bewegen und „mitschweben": „Tücherbaum" als ständiges Spielangebot

füllt, sondern eine Flamme, die man nährt" (Célestin Freinet).

3. Aufgabe der Eltern und Erziehungskräfte ist es, die Wahrnehmungen der Kinder ernst zu nehmen, den Kindern behutsame Anleitung und Hilfen zur Strukturierung ihrer Wahrnehmung zu geben und ihnen Gelegenheiten zur Entfaltung ihrer Sinne anzubieten.
4. Einrichtungshersteller, Architekten, Bauträger und Städteplaner müssen ständig bemüht sein, die Umwelt so zu gestalten, daß die Sinnesbedürfnisse der Kinder entsprechend berücksichtigt sind.
5. Sensibilisierte Sinne motivieren die Kinder, ihre Umwelt kritischer zu sehen und notwendige Veränderungen anzustreben.
6. Sinnlichkeit hat immer auch mit Gefühlen und Empfindungen zu tun. Sie macht offen für Lust und Lebensfreude, aber auch für Leid und Schmerz.
7. Kinder, bei denen einzelne Sinne eingeschränkt oder sogar verloren sind, brauchen unsere besondere Zuwendung und Betreuung.

Rudolf Seitz

Nachvorwort

Ein paar Gedanken in Richtung Wahrnehmung

Mein Freund Wolfgang Löscher bat mich vor einiger Zeit, ein kleines „Nachvorwort" (so ähnlich nannte er es) zu seinem Vorwort zu schreiben. Dann tat er etwas sehr Leichtsinniges. Er las mir nämlich den Beginn seiner Einleitung vor, der mir schlagartig klar machte, daß auch ich so gerne irgendwo am Meer säße, mir den Wind um die Nase streifen ließe, mit den Händen im Sand wühlte und die wunderbaren Wolkentürme betrachten würde. Gerüche, Bilder, Geräusche verdichteten sich zu einem Tagtraum, der unweigerlich in ein sehnsüchtiges Fernweh mündete. Unversehens war ich beim Thema gelandet. Ich hatte sozusagen meinen eigenen Betrieb gestoppt, und schon hatten meine Sinne wieder Luft und Lust, lebendig und aktiv zu werden.

Vielleicht ist es wirklich notwendig, aus der stromlinienförmigen Zielstrebigkeit unserer Alltagszwänge auszusteigen, langsamer zu werden, stiller, offener und aufnahmebereiter, um wieder erleben zu können, daß es unsere Sinne sind, die uns mit dieser Welt verknüpfen, immer wieder auch festlegen und vielleicht auch als eigene Person mit Wünschen, Ängsten, Hoffnungen und Glücksantennen erfahrbar machen.

Ich möchte den Leserinnen und Lesern gerne die Geschichte von Rul erzählen, der schließlich auszog, die Wahrnehmung zu lernen – nachdem er einige Hürden überwand. Sie stammt aus meinem Buch „Schöpferische Pausen" (Kösel-Verlag, München ^{3}1994, S. 33-37):

Wahrnehmen

Komisch war das schon mit der Wahrnehmung, fand Rul. Es gab Tage, da nahm er gar nichts wahr. Höchstens, daß da etwas auf dem Boden stand, über das er nicht stolpern sollte, daß die Ampel auf Grün stand (sah er es wirklich? Wie oft lief er auch los, wenn jemand zu früh startete...), daß da eine Treppe war usw.
Überlebensfakten.
Er sah nicht den Himmel, er wußte nicht, wie die Leute aussahen, die ihm entgegenkamen, nichts hatte er wirklich wahrgenommen.
An solchen Tagen aß er und wußte nicht was, nicht, wie es wirklich schmeckte.
Gerüche gelangten über seine Nase nur dann ins Gehirn, wenn sie penetrant waren.
Seine Ohren nahmen nur einen allgemeinen Geräuschpegel auf.
Und sein Tastsinn? Den hatte er schon lange an die Augen abgegeben. Er begriff nichts mehr. Auf Grund seiner Erfahrungen glaubte er zu wissen, wie sich etwas anfühlte. Wie geradezu entsetzt war er, als in einem Museum an einem Objekt der Text stand „Bitte berühren". Was war an solchen Tagen nur los? Die Sinne waren nach innen gestülpt, umgedreht, nicht aktionsbereit. Es waren die Tage der Hetze, der stromlinienförmigen Zielstrebigkeit, der Probleme, der Prüfungen, der Auseinandersetzungen, des Ärgers.
Diese unmenschliche Liste könnte jeder für sich so verlängern.
Die Energie wird anders gebraucht. Für mehr reicht die Batterie nicht aus.
Dabei weiß jeder, wie schön es ist, wenn die Sinne offen sind.
Rul erinnerte sich an unzählige Erlebnisse voller Staunen, offen bis in jede Pore. Aha-Erlebnisse waren das. Als wenn er in einem stickigen Raum das Fenster geöffnet hätte und er mit tiefen Zügen die frische Luft einsog.
Im Urlaub, mit viel Zeit, ging er mit seiner Frau spazieren. Man zeigte sich Beobachtungen, roch die Erde, die Blumen, streichelte über Plastiken, über Steine, hörte die vielen besonderen Geräusche des Ortes und war einfach ganz Auge und Ohr.
Eigentlich war man glücklich. Man war ganz da, präsent, spürte sich als Partner und meinte, unbegrenzt aufnehmen zu können.
Rul wußte, daß es zum Weiter-, Hinzukommen, auch zum Durchkommen ausreichte, die Ampel und die Treppe zu beachten. Er mußte nicht wissen, welchen Gesichtsausdruck die Dame in der S-Bahn gegenüber hat, welche Augenfarbe, welche Kleidung. Das waren Informationen, die er nicht brauchte. Aber – sie machten ihm Spaß, bereiteten ihm Lust. Sie waren Luxus, es waren Luxusinformationen. Rul entschloß sich, in Zukunft luxuriöser zu leben.
Die Scholastiker fielen ihm ein:

> Nil est in intellectu,
> quod non antea fuerit in sensu.
>
> Nichts ist im Verstande,
> was nicht vorher in den Sinnen
> gewesen wäre.

Lin Yutang sagte ganz einfach:
„Das menschliche Glück ist von sinnlicher Art."
Vielleicht würde Rul nicht nur luxuriöser, sondern sogar sinnlicher und damit glücklicher leben?
So zog Rul aus, die Wahrnehmung zu lernen. Seit er sich entschlossen hatte, ging es tatsäch-

lich besser. Er blieb häufig stehen und betrachtete die Dinge genauer. Manchmal brachte er geradezu ein System in sein Sehen. Er zwang sich, nicht nur in der Waagerechten zu beobachten, sondern auch den Kopf zu heben und zu senken. Er verglich, bemerkte und fand immer neue Details. Ein wenig wurde er süchtig. Der graue Alltag wurde farbiger. Rul leistete sich den Luxus.

Dabei klappte es auch nicht immer. Bei bestem Willen war er an manchen Tagen nicht so sehr bereit wie an anderen. Er begann, seine Stimmungen damit in Zusammenhang zu bringen. Gut gelaunt sah die Welt anders aus, als wenn er ärgerlich oder traurig war. Es schien unsichtbare Brillen zu geben, rosa, grau, schwarz, gefleckt.

Je genauer er beobachtete, desto deutlicher drängten sich ihm bestimmte Perspektiven auf. Seine Lebens- und Lerngeschichte, seine Gewohnheiten, sein Beruf, seine Vorlieben schnitten aus dem Kuchen der Wirklichkeit exakt ihr Stück heraus. Oder sie sortierten die Wirklichkeit. Als Rul vorhatte, ein Auto einer bestimmten Marke zu kaufen, meinte er, es führen plötzlich viel mehr Wagen dieser Firma durch die Straßen; als er noch nicht entschlossen war, welche Farbe er wählen sollte, ordnete sich der Straßenverkehr nach Farben.

Rul erfand ein neues Spiel, ein Rollenspiel. Er wechselte sozusagen den Standpunkt: Im Wald spazierend war er einmal Maler oder Waldbauer, oder Ökologe, oder Pilzsucher, oder Jäger, oder eben Spaziergänger. Immer war derselbe Wald ein völlig anderer.

In der Hochschule lieh er sich die Augen der Putzfrau, des Hausmeisters, des Gärtners, des Behinderten, der Studentinnen mit Kindern.

Die Wirklichkeit verwandelte sich, wurde viel-fältiger, interessanter.

Ihm wurde vor Augen geführt, wie schmal der Schlitz bisher war, durch den er blickte.

Es gibt Leute, die behaupten, sie würden nur glauben, was sie sehen. Das dürfte genau umgekehrt sein.

Rul hatte sich ein großes Pensum vorgenommen, das ihn mehr und mehr fesselte. Er wollte einfach mehr sehen, mehr riechen, mehr schmecken, mehr fühlen und mehr hören.

Dabei fiel ihm siedend heiß ein, daß er die Türe des Hauses, in dem er gerade zu Gast war, noch nicht genau betrachtet hatte, obwohl er täglich mehrmals durchging. Er wußte nur, daß er viel Kraft brauchte, um sie zu öffnen.

Mit der Wahrnehmung verhielt es sich wohl ebenso.

Ich glaube, daß wir alle in den Fußstapfen von Rul stehen und daß wir auch seine Aufgaben vor uns haben.

„Fünf" Sinne?

Abb. 2: Christian Wink: Der Tastsinn. Deckenfresco aus Schloß Zell an der Pram

Der Münchner kurfürstliche Hofmaler Christian Wink gestaltete mit den malerischen Mitteln des Rokoko das weitläufige Programm der Wand- und Deckenfresken des Schlosses in Zell an der Pram. Unterstützt wurde er vom Münchner Theatermaler Josef Damian Stuber, der mit malerischen Mitteln eine plastische Scheinarchitektur im großen Saal des Schlosses schuf. Es verblüfft mich immer wieder, daß z.B. die Säulen an der Wand keine wirklichen, sondern nur gemalte sind. Besonders ins Auge fallen die „fünf Sinne“, die auf einem Deckengemälde dargestellt sind. Den Geruchssinn versinnbildlicht die Blumen- und Frühlingsgöttin, den Geschmackssinn Dionysos-Bacchus, der griechisch-römische Gott des treibenden Wachstums der Erde und besonders des Weinbaus. Sehr witzig wirkt die Darstellung des Tastsinnes, durch einen Krebs verdeutlicht, der mit einer seiner beiden Scheren eine Frau in den Finger zwickt (Abb. 2 S. 11).

Die „fünf Sinne“ erfreuten sich vor allem in der

Abb. 3a: Adriaen Brouwer (1605/6-1648), Der bittere Trank (47,5 x 35,5 cm Holz)
(Creditline: Städelsches Kunstinstitut Frankfurt a. M. Foto: Gabriele Busch-Hauck)

Abb. 3b: „Bitterer Trank“ heute: Wermuttee

niederländischen Graphik des 16. Jh. großer Beliebtheit, die sie vorzugsweise als Serien von jeweils fünf Bildern darstellte.
Aber auch in der Malerei des frühen 17. Jh. erscheinen sie in Folgen von Einzelbildern, z.B. bei dem Maler Adriaen Brouwer. Eindrucksvoll Brouwers berühmtes Bild „Der bittere Trank", das den Geschmackssinn versinnbildlicht. Ein Mann mit Medizinflasche und Trinkschale in den Händen kneift die Augen krampfhaft zu und holt durch den weit aufgerissenen Mund tief Luft, um den abscheulichen Geschmack der Medizin zu mildern.
Die Maler gingen also immer von fünf Sinnen aus. Tatsächlich verfügen wir jedoch über mehr als fünf Sinne: Stellen Sie sich auf ein Bein und schließen die Augen. Wahrscheinlich werden Sie eine Unsicherheit Ihres Gleichgewichtssinnes bemerken, da Sie mit geschlossenen Augen die Balance auf einem Bein anfangs nur schwer halten können. Unsere Augen haben auch etwas mit dem Gleichgewichtssinn zu tun, was wir unter anderem auch daran bemerken, daß uns z.B. bei einer nur im Film erlebten Achterbahnfahrt leicht schwindlig wird.
Der Arzt sieht u.a. an den Augenbewegungen, ob unser Gleichgewichtssinn in Ordnung ist (Nystagmus). Bei Katzen läßt sich sehr schön ein Gegenrollen der Augen beobachten, wenn sie ihre Kopflage verändern. Auch bei uns wird eine Augenbewegung reflexartig ausgelöst, die dazu dient, die Augen so gegen eine Drehbewegung zu führen, daß sie die ursprüngliche Blickrichtung beibehalten.
Die eigentlichen Empfänger (Rezeptoren) des Gleichgewichtsorganes sind jedoch Haarzellen, die im Innenohr sitzen. Verändert sich die Lage des Kopfes, verändert sich durch die Schwerkraft auch die Lage der Haarzellen, die dann einen entsprechenden Reiz an das Zentralnervensystem melden.
Kinder spielen gerne mit ihrem Gleichgewichtssinn: sie balancieren über Balken, drehen sich beim Tanzen, schaukeln, fahren Karussell. Kleine Kinder werden häufig durch Wiegen oder Schaukeln beruhigt (vgl. Abb. S. 16).
Auch unsere Sprache mißt dem Wort „Gleichgewicht" große Bedeutung zu. „Ein Mensch befindet sich im Gleichgewicht oder im Lot", d.h., er ist ausgeglichen, und seine Persönlichkeit ist ausbalanciert.
Über einen eigenen *Stellungssinn* erhalten wir auch bei geschlossenen Augen Auskunft über die Stellung der Gliedmaßen zueinander.
In der Regel nicht bewußt ist uns u.a. ein Signalempfänger in unserem Körper, der ständig den osmotischen Druck des Blutes mißt und uns das Bedürfnis *Durst* meldet. Sehr bewußt wird uns aber der *Schmerzsinn*, wenn er Alarm gibt (vgl. Abb. S. 55). Nicht zu vergessen die verschiedenen *Hautsinne*, die neben Druck und Berührung auch Kälte, Wärme, Feuchtigkeit, Vibrationen und Kitzel spüren.
Über den sogenannten *„sechsten Sinn"* liegen uns wenig wissenschaftliche Erkenntnisse vor, aber sicher haben viele von Ihnen diesbezüglich eigene Erfahrungen im Alltag. Das Telefon klingelt – und man glaubt, vor dem Abheben des Hörers zu wissen, wer dran ist. Oder wir sehen einen Brief – ohne den Absender zu lesen – und wissen sofort, von wem er kommt.
Eine Rangfolge über die Wichtigkeit der einzelnen Sinne abzugeben, fällt uns schwer, da wir den Verlust eines jeden Sinnes durch eine Beeinträchtigung unserer Lebensqualität als schlimm empfinden würden. Denken wir nur an

einen banalen Schnupfen, der unseren Geruchs- und damit auch Geschmackssinn stark einschränkt.
Ich überlasse es daher dem französischen Philosophen Denis Diderot, eine Wertung über die Sinne abzugeben:

„Das Gesicht ist der oberflächlichste Sinn,
das Gehör der stolzeste,
der Geruch der wollüstigste,
der Geschmack der abergläubigste und unbeständigste,
das Gefühl der tiefste und philosophischste.“

Das Lied von den fünf Sinnen

Text: Lore Kleikamp, Musik: Anke und Detlev Jöcker
aus Liedheft, CD und MC: Denkt euch nur, der Frosch war krank.

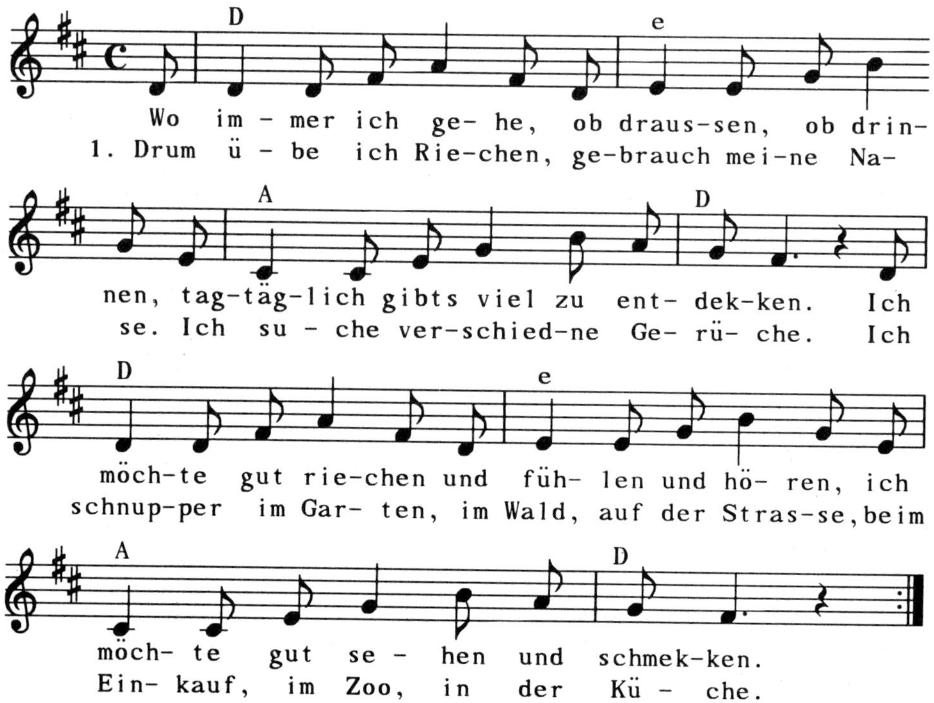

2. Drum übe ich Tasten mit Fingern und Händen.
Ich fühle das Rauhe, das Glatte.
Was rund ist und eckig, aus Stoff oder Leder,
was hart oder weich ist wie Watte.
Nähgarnröllchen, Perlen, Sand,
Wäscheklammern, Nagelfeile,
Schwamm und Bürste, kalte Wände,
alles fühlen meine Hände.

3. Drum spitz ich die Ohren und lausch immer wieder.
Ich hör auf Geräusche und Töne,
auf Lautes und Leises, ganz fern und ganz nahe,
auf sanfte Musik und Gedröhne.
Regentropfen, Müllabfuhr,
wie sie näherkommt und steht,
Klopfen, Sägen, Ticken, Bohren,
das erkennen meine Ohren.

4. Drum übe ich Sehen, ich schau und betrachte,
was wächst und was fliegt und was flimmert,
was schnell ist und langsam, was winzig und riesig,
was schleicht und was saust und was schimmert.
Wolken, Sterne und den Mond,
Menschen, Tiere und Maschinen,
Gräser, die im Winde wehen,
können meine Augen sehen.

5. Drum übe ich Schmecken, beim Trinken und Essen,
kau gründlich, denn das ist sehr wichtig.
So kann meine Zunge sehr sorgfältig schmecken,
erkennt alle Speisen ganz richtig.
Saure Gurken, süßes Obst,
salz'ge Brezel, bitt're Tropfen,
Saft zum Trinken, Eis zum Schlecken,
das kann meine Zunge schmecken.

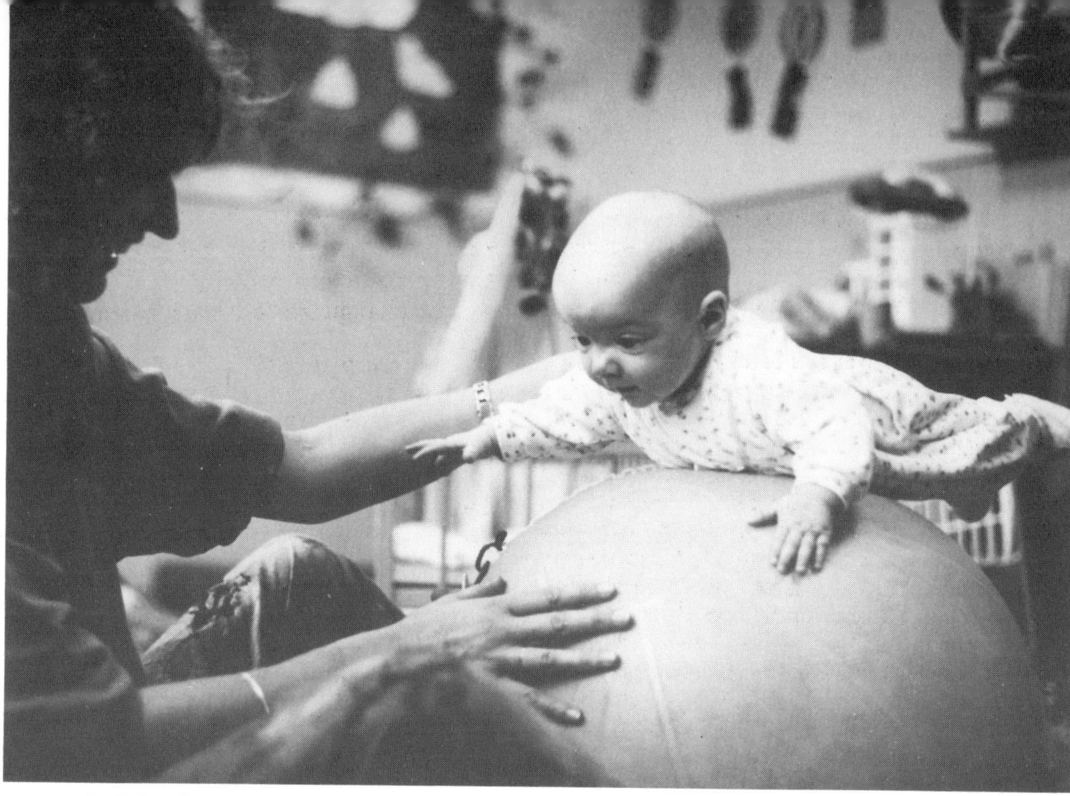

Abb. 4 a/b: Balancieren – aus dem Gleichgewicht geraten – sich wieder ins Lot bringen

Von den Sinnesreizen zur Wahrnehmung

„Die Einheit der Sinne ist von eigentümlicher Art. Dem Alltag vertraut und selbstverständlich, erscheint sie dem wissenschaftlichen Nachdenken befremdlich und rätselhaft. Wir setzen unseren Fuß auf den Boden in vollem Vertrauen, daß der sichtbare Grund unserem Tritt und Schritt standhalten wird. Wir fragen nicht lange, ob und wie eine solche Vereinigung möglich ist; wir wären höchst erstaunt, wenn ein sichtbarer Gegenstand sich substanzlos unserem Griff entzöge. Das Sichtbare und das Tastbare, das Tastbare und das Schmeckbare, Klang und Sicht, Sicht und Geruch gehören zusammen. So lauschen wir den Worten eines Redners, atmen den Duft einer Blume, riechen und schmecken, tasten und kauen den Bissen in unserem Munde. Kinder und Tiere sind ihrer Sache ebenso sicher wie der erwachsene Mensch. Die Wissenschaft unterbricht das naive Vertrauen des Alltags...“ *Erwin Straus*

Der Vorgang der Sinneswahrnehmung ist tatsächlich wesentlich komplizierter, als wir uns das naiverweise vorstellen. Die äußere Wirklichkeit wird von unseren Sinnen nicht einfach wie von einem Fotoapparat oder einer Fernsehkamera abfotografiert. Bevor Sinnesdaten ausgewertet, interpretiert und integriert werden können, bedarf es eines „Konzepts“ in unserem Denkapparat, in das die aktuellen Daten eingefügt bzw. von dem aus sie verworfen werden können.
Beginnen wir dennoch unseren Weg beim Sender bzw. bei der sogenannten Wirklichkeit, die unendlich viele Reize aussendet.
Unsere Sinnesorgane sind Empfänger, die über Rezeptoren bestimmte Reize in begrenztem Umfang empfangen können.

„Da werden Ihre Ohren Augen machen!“ lautete der Werbeslogan eines Radiogeschäfts. Aus Erfahrung wissen wir jedoch, daß wir mit den Ohren keine Lichtreize empfangen können.

„Die Eindrücke verschiedener Modalitäten lassen sich jedoch keineswegs beliebig vereinigen. Wir greifen nach dem Sichtbaren, aber wir betasten nicht die Klänge. Wir riechen den Duft der Rose, aber wir sehen nicht die Gerüche. Wir schmecken das Brot, aber betasten nicht den Geschmack. Wir fühlen die Wärme des Bades, aber wir sehen nicht die Wärme“ *(Erwin Straus)*.

Die Begrenztheit unserer einzelnen Sinnesempfänger wird besonders deutlich bei der Wahrnehmung des elektromagnetischen Spektrums. Sichtbar ist für uns nur ein kleiner Bereich daraus. Infrarotlicht sehen wir z.B. nicht, spüren es aber als Wärme auf der Haut.
Im Alter merken wir außerdem meist deutlich, wie Sehschärfe und Hörfähigkeit nachlassen. Technische Geräte wie z.B. ein Fotoapparat oder ein Tonbandgerät sind unseren Sinnesempfängern oft weit überlegen, und dennoch ist die Art unserer menschlichen Wahrnehmung einmalig und kann durch keinen Computer ersetzt werden. Der Ort unserer Wahrnehmung ist nämlich nicht der jeweilige Sinnesempfänger, sondern unser Gehirn, das alle ankommenden Reize individuell, entsprechend seiner jeweiligen Konzeption verarbeitet.
„Ein Ding wie der Kopf: mit Welt gefüllt und paßt auf ein Kissen“, notiert der philosophische Pudel Atma in Wolfdietrich Schnurres „Der Schattenfotograf“ über das Gehirn.

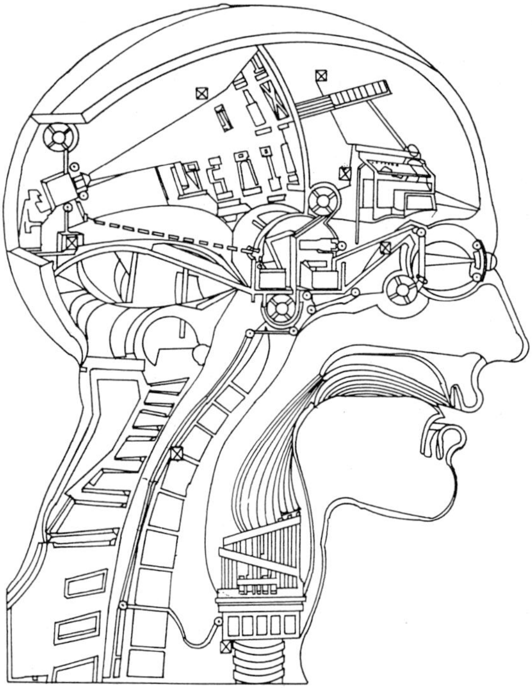

Abb. 5: Zeichnung von Eduardo Paolozzi

Die Zahlen, mit denen Hirnforscher umgehen, erreichen astronomische Dimensionen: Allein in der Großhirnrinde – dem sogenannten Cortex – eines ungeborenen Kindes entstehen in jeder Minute rund 250 000 neue Nervenzellen, auch „Neuronen" genannt. Und die Großhirnrinde eines Erwachsenen birgt nach Schätzung des französischen Neurobiologen Jean-Pierre Changeuz „mindestens 30 Milliarden Neuronen", verknüpft durch eine Billiarde – das sind 1 000 000 000 000 000 – Nervenverbindungen oder „Synapsen".

In dieser fast unvorstellbaren, unendlich vernetzten Schaltzentrale geschieht das, was wir Wahrnehmung nennen. Von welchen oft fast banal erscheinenden Einflüssen der Innen- und Außenwelt diese Schaltzentrale abhängig ist, wird vielleicht am folgenden Beispiel deutlicher.

Besuch des Jagdmuseums in München

Eine Kindergartengruppe besucht das Münchener Jagdmuseum. Nach dem zunächst noch geordneten Einzug in die Kassenhalle stürmen die Kinder eine breite Treppe hinauf zu den Ausstellungssälen. Im Nu hätten sie sich in den einzelnen Sälen verstreut, wenn sie nicht am Ende der Treppe von einer Begleiterin aufgefangen worden wären. Nun beginnt die Führung.

Die Ausstellungsstücke, meist ausgestopfte Tiere, interessieren die Kinder – aber nicht alle gleichermaßen. Hansi ist enttäuscht: „Ich habe geglaubt, hier sind Saurier", bemerkt er nörgelnd.

Inge betrachtet interessiert die ausgestopften Kaninchen. Sie hat selbst welche im Garten und weiß einiges über diese Tiere.

„Wenn ich ein Jäger wäre und ein Gewehr hätte, dann würde ich den großen Hirsch dort schießen", erklärt Peter stolz vor einem großen Hirsch. Andere Kinder protestieren energisch dagegen.

Gisela, die sonst immer aufmerksam ist, wenn es etwas Neues zu sehen gibt, blickt suchend umher. Einer Begleiterin vertraut sie endlich an: „Ich muß mal."

Peter schaut während der ganzen Führung sehr unglücklich drein; verständlich – er hat Zahnschmerzen.

Die kleine Monika sieht nur wenig. Größere Kinder verdecken ihr oft den Blick.

Bei den ausgestopften Tieren, die berührt werden dürfen, weil sie auch für Blinde gedacht sind, streicheln fast alle Kinder die verschiedenen Felle mit großer Konzentration.
Auf die Frage der Erzieherin: „Wie heißt das Tier, das ihr gerade streichelt?“ antwortet ein Kind: „Es fühlt sich so angenehm weich an.“
Dem außenstehenden Betrachter fällt auf, daß nur wenige Kinder ihre Aufmerksamkeit immer dorthin richten, wohin die Erzieherin gerade zeigt. Viele Kinder drehen ständig ihre Köpfe und suchen sich ihre eigenen Wahrnehmungsobjekte. Einige Kinder stehen vor allem gegen Ende der Führung gelangweilt etwas abseits von der Gruppe herum. Als das Stichwort „Trinken“ fällt, haben alle plötzlich Durst.
Die Erzieherinnen sind froh, daß am Ende der Führung alle Kinder vollzählig wieder beisammen sind.
Kinder und Erzieherinnen waren zur gleichen Zeit in den gleichen Sälen und standen vor den gleichen Ausstellungsstücken, – aber haben sie alle das Gleiche wahrgenommen? – Ich meine nicht, denn was wir wahrnehmen und wie wir etwas wahrnehmen, hängt von vielen Faktoren ab.

Erwartungshaltung

Hansi hat ausgestopfte Dinosaurier erwartet. Seine Erwartungen waren nicht erfüllt worden – die Ausstellung war für ihn langweilig.
In der sozialen Wahrnehmung spielen Erwartungen, Vorstellungen und Wertungen, die man von Menschen hat, eine besonders große Rolle.
„Wir statten die physische Erscheinung des Menschen, den wir sehen, mit all den Vorstellungen aus, die wir von ihm haben, und in dem Gesamtbild, das wir uns machen, spielen diese Vorstellungen sicherlich die Hauptrolle“ (Marcel Proust in „Swann's Welt“).
Im Bereich der Wahrnehmung unserer ausländischen Mitbürger etwa spielen Erwartungshaltungen, Wertungen und Vorurteile eine große Rolle. Hier wird u.a. auch deutlich, daß unsere Wahrnehmungen sehr von subjektiven Einflüssen geprägt sind.

Wissen

Inge weiß einiges von Kaninchen. Sie betrachtet die ausgestopften Kaninchen aufmerksam und vergleicht sie mit den lebendigen in ihrem Garten.
„... und wir müssen uns daran erinnern, daß das, was wir beobachten, nicht die Natur selbst ist, sondern Natur, die unserer Art der Fragestellung ausgesetzt ist“ (Werner Heisenberg).
Vereinfacht gesagt: „Wir sehen, was wir wissen“, poetischer formuliert für einen Kindergarten in Reggio Emilia: „Das Auge schläft, bis es der Geist mit einer Frage weckt.“
Das Vorwissen kann allerdings auch ein Hemmschuh für Erkenntnis sein. Wir wissen viel von uns und den Dingen, die uns umgeben. „Viele brauchen schon gar nicht mehr hinzugucken, so sehr wissen sie, was sie sehen wollen, und so wenig fällt ihnen auf“ (Mins Minnson). Oder: „Was bekannt ist, ist nicht erkannt“ (Georg W. F. Hegel).

Rollen

Peter, der sich während der Ausstellung in der Rolle eines Jägers fühlt, sieht vieles unter dem Gesichtswinkel eines Jägers oder was er jedenfalls glaubt, daß ein Jäger sehen würde.

Die protestierenden Kinder nehmen sofort die Rolle von Tierschützern an und bedauern die armen Tiere, die von den Jägern geschossen werden.
Die Erzieherinnen haben die Ausstellung in einer Rolle erlebt, in der sie mehr auf die Kinder achten mußten und weniger die Ausstellungsstücke betrachten konnten.

Bedürfnisse – persönliche Zustände

Aus eigener Erfahrung wissen wir, daß es Bedürfnisse und persönliche Situationen gibt, die uns daran hindern, irgend etwas um uns herum wahrzunehmen, und wenn es auch noch so schön ist. Denken Sie nur an die Eingangsgeschichte von Rudolf Seitz über die Wahrnehmung, in der Rul an manchen Tagen nichts wahrnehmen konnte und selbst beim Essen nicht wußte, wie etwas schmeckt.
Soweit es um Bedürfnisse wie z.B. einen Toilettenbesuch geht, kann der Wahrnehmungsapparat wieder voll aufnahmefähig sein, wenn das Bedürfnis gestillt ist. Viele Menschen behaupten, ohne eine Tasse Kaffee vor der Arbeit nichts leisten zu können.
Und wie steht es mit den Kindern: Haben sie z.B. ausreichend gefrühstückt, bevor sie in den Kindergarten oder in die Schule kommen?

Standpunkte – Blickwinkel

Wenn es etwas zu betrachten, aber auch zu hören gibt, kommt es oft darauf an, wo man steht bzw. aus welchem Blickwinkel man einen Gegenstand sieht.
Die kleine Monika hatte bei unserem Museumsbesuch nur einen guten Blick, wenn niemand vor ihr stand. Es gibt Aussichtspunkte, von denen aus eine Landschaft besonders schön wirkt. Es soll auch Menschen geben, die nur ihre „Schokoladenseite" fotografieren lassen.
Übrigens gewinnt man bei Deckengemälden den besten Blickwinkel, wenn man sich auf den Boden legt oder einen Spiegel benutzt.
Wer Sinn für Verrücktheit hat (wie z.B. der Maler Salvador Dali), gewinnt durch Verrückungen seines Gesichtswinkels ein völlig anderes Bild der Wirklichkeit. „Die Wirklichkeit liegt nicht für jedes öde Hinsehen vor" (Heinrich Rombach).
Vergleicht man die Blickwinkel von Kindern und Erwachsenen, so ergeben sich durch die verschiedenen Körpergrößen erhebliche Unterschiede. Das kleine Kind schaut im Stehen z.B. von unten auf die Tischplatte, während der Erwachsene diese von oben betrachten kann. Also öfter in die Hocke gehen – wenn es auch mühsam ist – und die Standpunkte der Kinder einnehmen (ein Aspekt unter mehreren des Titels „Kunst in der Kniebeuge" von Rudolf Seitz).

Lenkung

Schon aus dem bereits Gesagten dürfte hervorgehen, daß die Wahrnehmung der Kinder nicht einfach wie eine Fernsehkamera auf beliebige Objekte gelenkt werden kann. Jeder Mensch hat seinen eigenen Wahrnehmungsrhythmus und seine eigene Art wahrzunehmen.
Ich halte es z.B. nicht lange aus, in einer Gruppe auf ein Bild zu starren und einer langatmigen Erklärung zu lauschen.

Reihenfolge

Wenn Kinder in einen Raum kommen, der für sie von der Gestaltung, Größe, Akustik und na-

Abb. 6: Zärtlichkeit: Sinnesreiz, Wahrnehmung und Empfindung

türlich auch vom Geruch her völlig neu ist, dann müssen sie erst Gelegenheit und Zeit haben, diesen Raum kennenzulernen und zu erfahren. Die breite und hohe Treppe am Eingang des Jagdmuseums war für die meisten Kinder eine völlig neue Erfahrung, die sie erst „verdauen" mußten, ehe sie sich den eigentlichen Besichtigungsobjekten zuwenden konnten.
Ich erinnere mich in diesem Zusammenhang noch gut an eine Stunde über das Thema „Was schwimmt?", die ich als Lehrer in einer 1. Klasse einer Grundschule gehalten hatte. Ich hatte auf jeder Bank eine Schüssel voll Wasser vorbereitet; hier sollten die Kinder selbst erproben, welche Materialien im Wasser schwimmen und welche untergehen. Von wegen...: die Materialien waren im ersten Teil der Stunde für die Kinder völlig uninteressant. Für sie gab es nur ein Bedürfnis: mit den Händen im Wasser planschen. Erst nachdem dieses Bedürfnis ausgespielt war, waren sie bereit für die von mir vorgesehene Betrachtung.

Empfindungen

Sie erinnern sich: Auf die Frage der Erzieherin nach dem Namen des von den Kindern gestreichelten Tieres antwortet ein Kind, 'es fühle sich so angenehm an'. Die Äußerung zeigt, daß die Wahrnehmung oder besser gesagt die Empfindung des Kindes zunächst mehr vom Gefühl als vom Kopf her bestimmt war.
Horst Rumpf weist in seinem Buch „Die übergangene Sinnlichkeit" darauf hin, daß im Schulunterricht die Wahrnehmung nach bestimmten vorgegebenen Ordnungen erfolgen muß – z.B. lernen wir etwas über das Raubtiergebiß des Hundes – und daß Empfindungen und Gefühle hinten anzustellen sind, etwa daß Kinder einen Hund gern streicheln.
Im Wahrnehmen geht der Mensch auf Distanz, etwas in ihm „hebt sich aus der mitschwingenden Identifikation der Empfindung", *er selbst* wird ein anderer, schreibt Erwin Straus – nicht nur das Gegebene und die Beziehung zu ihm verändern sich. Straus macht den Unterschied von Empfinden und Wahrnehmen u.a. an einem Beispiel deutlich:
Arzt und Kranker begegnen sich in der Wahrnehmungswelt. Für den Arzt wird der Leib des Patienten zum Körper, an dem er mit tastender Hand diagnostische Feststellungen macht, die wiederholbar sind. Wird der Körper dagegen von einem lieben Partner gestreichelt, mag zwar der Tastvorgang noch der gleiche sein, das Tasten wird aber jetzt von Gefühlen begleitet, die nichts mit sachlichen Feststellungen zu tun haben.
Unsere Alltagssprache ist sehr von unseren Empfindungen geprägt: Wir sprechen z.B. von drückender Hitze, beißender Kälte, kaltem Licht, einem drohenden Gewitter, einem freundlichen Himmel, einem lieblichen Gesicht, warmen Klängen, scharfen Tieren...
Vielleicht sollten wir unsere Kinder öfter fragen: „Was fühlt ihr gerade?" oder: „Was empfindet ihr dabei?" als: „Wie heißt dieses Tier?"

Übrigens, liebe Leserin, lieber Leser: „Wie fühlen Sie sich gerade?"

Zum Weiterlesen

Grundriß der Sinnesphysiologie, Heidelberger Taschenbücher 136, Springer, Heidelberg 1985

P.H. Lindsay/D.A. Norman: **Psychologie,** Springer Verlag

Alfred Maelicke: **Vom Reiz der Sinne,** VCH, Basel 1990

Horst Rumpf: **Die übergangene Sinnlichkeit,** Juventa, Weinheim 1988

Gert Selle: **Gebrauch der Sinne,** rororo 2280

Erwin Straus: **Vom Sinn der Sinne,** Berlin 1956

Philip und Phylis Morrison: **Das Geheimnis unserer Wahrnehmung,** Droemer Knaur, München 1988

Irvin Rock: **Wahrnehmung.** Vom visuellen Reiz zum Sehen und Erkennen, Spektrum der Wissenschaft, Heidelberg 1985

Mins Minsson: **Der sinnliche Stoff,** Klett Cotta, Stuttgart

Gisela Hermann / Heidi Riedel / Robert Schock/ Brigitte Sommer: **Das Auge schläft, bis es der Geist mit einer Frage weckt,** Fortbildungsinstitut für die pädagogische Praxis, Berlin 1984

Abb. 7: Wassergefühle

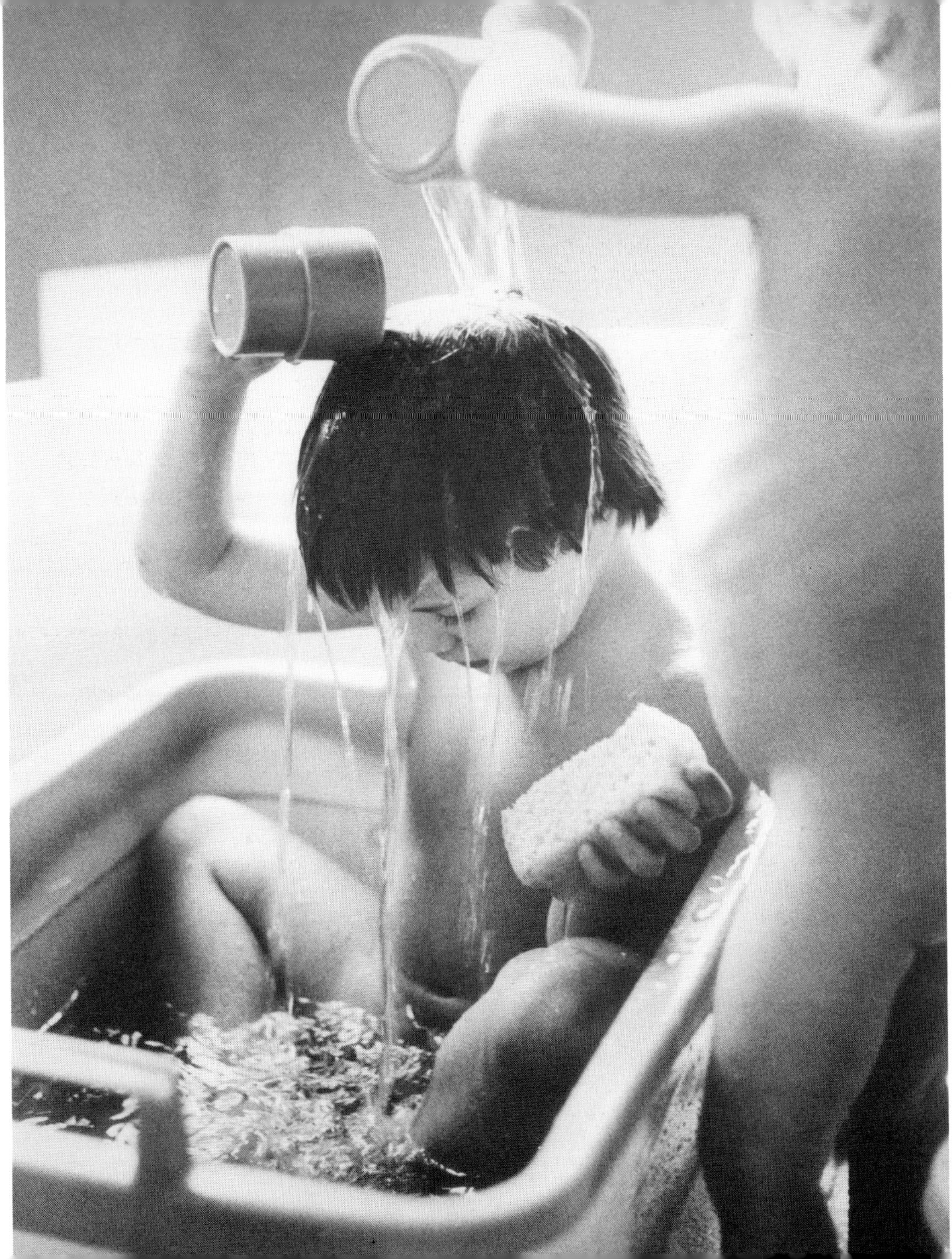

Was ist „wirklich“?

„... Später haben aber allmählich vielerlei Erfahrungen das ungeteilte Zutrauen zu den Sinnesempfindungen erschüttert. Bisweilen erschienen Türme, die von ferne rund aussahen, von nahem viereckig, und mächtige Statuen, die dort oben standen, nahmen sich von unten gesehen gar nicht groß aus, und in noch unzähligen anderen derartigen Fällen merkte ich, wie trügerisch das Urteil der äußeren Sinnesempfindung war...“, schreibt der Philosoph René Descartes in seinen „Meditationen über die Erste Philosophie“. Er kommt zu dem Schluß, daß die Sinneswahrnehmung nur subjektive und undeutliche Eindrücke von der Außenwelt, also kein wirkliches Abbild der Natur liefert.
Descartes glaubte, der Aufbau der Wirklichkeit sei aus reinen Prinzipien des Denkens zu erkennen: Cogito, ergo sum. Ich denke, also bin ich – ist einer seiner berühmten Sätze. Dagegen glaubte der Philosoph David Hume: „Die Grundlage der Erkenntnis liegt in der Sinneserfahrung.“ Ähnlich Immanuel Kant: „So fängt denn alle menschliche Erkenntnis mit Anschauung an, geht von da zu Begriffen und endigt mit Ideen.“
In unserer Zeit hat vor allem der Psychotherapeut Paul Watzlawick in seinem Buch „Wie wirklich ist die Wirklichkeit?“ auf sehr unterhaltsame Weise seine Zweifel dargestellt, daß uns die Welt durch die Sinne so vermittelt wird, wie sie wirklich ist. Watzlawick glaubt, die Wirklichkeit sei eine Konstruktion des menschlichen Gehirns. Der Konstruktivismus – so nennt sich die philosophische Richtung, die diese Ansicht vertritt – hebt die uns üblicherweise vertraute Vorstellung auf, Wahrnehmen sei lediglich eine Art von „Abbilden“ der Außenwirklichkeit.
Aus eigener Erfahrung wissen wir hierzu, daß dieselbe Außenwirklichkeit, z.B. eine schöne Landschaft, je nach körperlicher Verfassung, Stimmungslage und anderen psychischen Faktoren ganz unterschiedlich wahrgenommen werden kann. Denken Sie nur an den Bericht über den Besuch des Jagdmuseums.
Watzlawick vertritt die These, die sogenannte Wirklichkeit sei das Ergebnis von Kommunikation zwischen den Menschen. In diesem Zusammenhang weist er darauf hin, daß die meisten unserer Entscheidungen und Handlungen auf Informationen beruhen, die wir nicht direkt festgestellt haben. Halten wir uns dabei vor Augen, wie oft die Art und Weise, wie wir mit einem Kind umgehen, davon abhängt, welche Vorinformationen wir über es haben.
In dem vielzitierten Buch „Pygmalion im Unterricht“ von Robert Rosenthal wird über die sogenannten Oak-school-Experimente berichtet: Den Lehrkräften wurde zu Beginn des Schuljahres mitgeteilt, die Schüler seien einem Intelligenztest unterzogen worden, der eine Voraussage über das schulische Fortkommen der Schüler ermögliche. Die Lehrkräfte erhielten die Namen der Schüler, die aufgrund des angeblichen Tests überdurchschnittliche Leistungen im Laufe des Schuljahrs zeigen würden. Tatsächlich waren die Schüler aber nach einem Zufallsprinzip ausgewählt worden. Der Unterschied zu den anderen Schülern bestand daher nur im Kopf der Lehrkräfte. Am Ende des Schuljahres wurden die Schüler getestet, und es ergab sich

tatsächlich eine überdurchschnittliche Zunahme der Leistungen dieser als besonders leistungsfähig signalisierten Schüler. Man spricht in diesem Zusammenhang von einer „sich selbst erfüllenden Prophezeihung".

Watzlawick unterscheidet zwei Wirklichkeiten: Die erste bezieht sich auf die rein physischen und daher weitgehend objektiv feststellbaren Eigenschaften von Dingen. Die zweite Wirklichkeit beruht ausschließlich auf der Zuschreibung von Sinn und Wert an diesen Dingen und daher auf Kommunikation. Watzlawick vertritt die Ansicht, im Bereich dieser Wirklichkeit zweiter Ordnung sei es absurd, darüber zu streiten, was „wirklich" ist. Wenn z.B. ein Kind eine Puppe verloren hat, die für es persönlich einen unschätzbaren Wert hatte, dann nützt es nichts, dem Kind mitzuteilen, die Puppe bekomme man in jedem Spielwarenladen für ganz wenig Geld.

Nicht vergessen werden darf in der Wirklichkeitsdiskussion die Fähigkeit der Menschen zur Imagination, sich in der Phantasie eine andere Wirklichkeit vorzustellen. Richard Wagner schrieb an Engelbert Humperdinck: „Die Phantasie schafft die Wirklichkeit." Oder um eine Überschrift im Feuilleton der Münchner Abendzeitung vom 21.9.93 zu zitieren: „Auch die Phantasie ist Realität."

Nicht zuletzt ist an die Träume zu erinnern, in denen Phantasie- und Erfahrungselemente kombiniert werden. Traumartige Erlebnisse im Wachzustand können durch Psychodelika ausgelöst werden. Erschütternd waren für mich in diesem Zusammenhang Bilder von Kindern aus Elendsvierteln in Südamerika, die durch Schnüffeln von Benzin und Klebern ihre triste Wirklichkeit durch eine Traumwirklichkeit zu ersetzen versuchten.

Ein Umdenken über die Wirklichkeit fordert der Philosoph Heinrich Rombach in seinem Buch „Welt und Gegenwelt". „Welt" meint jenes Einheitsgebilde der Wirklichkeit, das uns scheinbar gemeinsam umfaßt, das aber nicht verhindern kann, daß jeder zuletzt doch nur in seiner eigenen Welt lebt.

Wenn diese eigenen Welten nicht erkannt und begriffen werden, entsteht aus ihnen ein unendlicher Streit.

Unter „Gegenwelt" versteht Rombach die plötzlich aufspringenden und bewußt ergriffenen Wirklichkeitserfassungen, die jeweils eine neue, sinnvolle Weltsicht und Lebensform bringen, einladend für andere und klar.

Die Wirklichkeitssicht der Kinder unterscheidet sich in vielem von der der Erwachsenen. Man spricht ja auch von einer Kinderwelt und einer Erwachsenenwelt. Neil Postman vertritt in seinem Buch „Das Verschwinden der Kindheit" die Ansicht, die Kinderwelt werde durch die Erwachsenen allmählich zerstört. Kritisch setzt er sich dabei vor allem mit der Manipulation der Kinderwelt durch das Fernsehen auseinander.

Dem anthropomorphen Denken der Kinder – menschliche Eigenschaften werden auf nichtmenschliche Dinge übertragen – begegnet jeder, der mit Kindern zu tun hat. Piaget berichtet u.a., wie Kinder die Meinung vertreten, ein Stein würde beim Zerbrechen Schmerz empfinden. Manchmal scheint es, als ob auch Erwachsene den Dingen menschliche Eigenschaften zuschreiben würden, wenn sie z.B. ihrem Computer gut zureden, er solle doch endlich ein Ergebnis ausspucken.

Kinder im Vorschulalter werden erfahrungsgemäß durch mythische und magische Schilderungen und Erklärungen stark angesprochen.

Wenn man sich der Meinung des Philosophen Kurt Hübner anschließt, der Mythos sei ernst zu nehmen und nicht irrational, wäre auch das mythische Denken der Kinder als ein Denken zu würdigen, dem lediglich eine andere Wirklichkeitserfahrung zugrundeliegt als dem sogenannten wissenschaftlichen Denken.
Äußerungen von Kindern wie „Gibt es Zwerge und Riesen wirklich?" u.ä. ist zu entnehmen, daß ihnen die Wirklichkeit der Wirklichkeit in bestimmten Phasen ihrer Entwicklung höchst fragwürdig erscheint. Hans-Ludwig Freese meint, das große Interesse von Kindern an Wahrnehmungstäuschungen bestehe vielleicht unter anderem deshalb, weil sie von Kindern mit den metaphysischen Urzweifeln, alles Wirkliche könne sich als Schein und Ausgeburt eigener Einbildung erweisen, in Verbindung gebracht würden. Welches Bild der Wirklichkeit den Kindern letztlich vermittelt wird, hängt sicher zum großen Teil von den Erwachsenen und deren Erklärungen ab. Dies wiederum bedeutet eine hohe Verantwortung für alle, die Kinder erziehen.

Zum Weiterlesen

Heinrich Rombach: **Welt und Gegenwelt.** Umdenken über die Wirklichkeit: Die philosophische Hermetik, Verlag Herder, Basel 1983

Wilhelm Weischedl: **Die philosophische Hintertreppe.** 34 große Philosophen in Alltag und Denken, dtv 30020

Paul Watzlawick/Franz Kreuzer: **Die Unsicherheit unserer Wirklichkeit?** Serie Piper SP 742

Paul Watzlawick: **Wie wirklich ist die Wirklichkeit?** Serie Piper SP 174

René Descartes: **Meditationen über die Erste Philosophie,** Reclam 2888

Jean Piaget: **Das Weltbild des Kindes,** Ullstein TB 399001

Neil Postman: **Das Verschwinden der Kindheit,** Fischer TB 11547

Hans-Ludwig Freese: **Kinder sind Philosophen,** Beltz Quadriga, Weinheim 1992[4]

Detlef Horster: **Philosophieren mit Kindern,** Leske + Budrich, Leverkusen 1992

dtv-Atlas zur Philosophie. Tafeln und Texte, dtv 3229

Elmar Gruber

Gott kommt durch die Sinne in den Sinn

Religiöse Erziehung ist zunächst nicht theologische Information, sondern die Versorgung mit sinnenhaften Erfahrungen und sinnenhaftem Tun, in denen Gott „vor-kommen“ und „aufgehen“ kann. Diese Vorgänge bedürfen freilich der Deutung durch die gläubige Erzieherin. Wenn die Erzieherin erzählt, wie sie Gott erlebt hat und erlebt beim Feiern, in der Natur und in den Erzählungen der Bibel, dann wird der sinnenhafte Erlebnisbereich der Kinder erschlossen als Ort der Gottesbegegnung, so daß ein Glaube entstehen kann, der tatsächlich im Leben und Sterben trägt. Kinder sind Mystiker, d.h., sie haben einen besonderen Zugang für die erlebnisbezogene, sinnenhafte Erschließung der Glaubenswahrheit. Zudem wird die Tiefe der Glaubenswahrheit primär überhaupt nur durch die Sinne (Bilder, Symbole, Erlebnisgestalten, Bibliodrama – Gestaltpädagogik) erfaßt. Damit religiöse Erziehung gelingen kann, braucht die Erzieherin eine einfache wie tiefschürfende Klarheit über Ziele und Vorgänge sowie über die Notwendigkeit religiöser Erziehung.

1. Ziele religiöser Erziehung

Ziel aller religiösen Erziehung ist die Befreiung von Angst, bzw. die Rückkehr ins Urvertrauen. Anders ausgedrückt: Finden der Harmonie in sich selbst (Selbstfindung und Selbstverwirklichung) und in der gesamten Schöpfung (Frieden und Solidarität mit allen Geschöpfen). Schließlich könnte man sagen: Ziel religiöser Erziehung ist eine in sich selbst stehende, auf absoluter Liebe beruhende Daseinsfreude, die auch durch Leid und Tod und durch das Böse nicht zerstört werden kann. Diese Freude muß aus der Daseinserfahrung entspringen, sie kann nicht von außen her erzeugt werden. Die Daseinsfreude kommt aus dem Bewußtsein, unbedingt und unverlierbar geliebt zu sein. Das Geliebt-Sein kommt nicht *von* den Dingen und Menschen, wie es unsere konsumorientierte Zeit suggeriert, wohl aber *durch* die Dinge und Menschen, die der Glaubende als Medien ewiger Liebe verstehen lernt und daraus die richtige Weise des Umgangs und des Verhaltens gewinnt. – Die Wahrheit einer Religion ermißt sich praktisch nicht an ihrer Dogmatik und an ihren Begriffen, sondern an ihrer Kraft, den Menschen glücklich zu machen und zur angstfreien Selbstannahme zu befähigen, kurz: einen positiven Sinn des vergänglichen Daseins zu finden. Im Vergleich der Religionen kann man wohl eine Spitzenstellung der christlichen Religion erkennen, weil sich hier die absolute, letzte und letztverbindliche Wirklichkeit (Gott) in der Person Jesu als die *bedingungslose* unverlierbare Liebe zu *allen* Menschen offenbart. Die Annahme dieser Religion führt zu Solidarität und Frieden aller Menschen (Feindbildlosigkeit, Gewaltlosigkeit – Bergpredigt!). Man kann unvoreingenommen erkennen: Wenn es eine „einzig wahre“ und „allein seligmachende“ Religion gibt, kann es nur die Religion der absoluten Liebe sein. Momente absoluter Liebe finden sich in allen Religionen. Die Sehnsucht und Erlösungsbedürftigkeit aller Menschen ist dieselbe; die Sehnsucht, bedingungslos angenommen zu sein; so kann die Erlösung aller Menschen auch nur ein und dieselbe sein. Der Gott der Christen offenbart sich gerade darin, daß er der Gott aller Menschen ist; durch ihn sind wir alle Schwestern und Brüder.

Man darf die Botschaft der christlichen Religion nicht an der Geschichte des Christentums messen: In der Geschichte des Christentums war und ist die Botschaft immer lebendig, und sie wird durch einzelne Persönlichkeiten faszinierend verwirklicht, z.B. durch Franziskus, aber in der Gesamtheit der Geschichte der Christenheit wird auch die menschliche Unzulänglichkeit drückend spürbar, wenn Menschen die Botschaft, die sie verkünden wollen, selbst behindern oder gar verhindern.

2. Heilender Glaube: heilendes Gottesbild

Damit Glaube heilen und glücklich machen kann, braucht er ein einfaches, klares, befreiendes und ganz praktisches Gottesbild. Der Satz „Gott ist die Liebe" (1 Joh 4,8) bringt ein unübertreffliches Gottesbild zum Ausdruck, das in der Jesusgestalt der Evangelien unmißverständlich erlebnisreich und erlebnisnah dargestellt wird. Die Bibel offenbart Gott als die Liebe allerdings nur dem, der sich von vornherein für den Gott der Liebe entschieden hat. Der Unentschiedene oder anders Entschiedene kann alles aus der Bibel heraus oder in sie hineinlesen. So kommt es, daß immer noch und immer wieder Christen ein dämonisches Gottesbild vom strafenden Scharfrichter verbreiten, das Angst erzeugt und krank macht. Bei sehr vielen Menschen, die an Gott glauben, ist das Gottesbild negativ besetzt. Sie stehen in einem Teufelskreis der Angst: Aus Angst vor dem Gott, der Angst macht, können sie den absolut liebenden Gott nicht finden. Sie sprechen vom „liebenden Gott", den sie fürchten wie den Teufel. Für sie ist oft die Karma-Lehre und die Vorstellung von der Wiedergeburt die Befreiung von der Gottesangst.

Gott vergilt nicht Böses mit Bösem, und er straft nicht, wie Menschen strafen. Gott ist die Liebe, und er kann nur lieben. Die Liebe zwingt nicht; sie überwältigt, d.h., sie schließt die Freiheit des Menschen nicht aus, sondern ein. Der von Liebe Überwältigte bewältigt alles; er wächst über sich hinaus und über alle Forderungen der Gebote. Jesus verzichtet bewußt auf alle Möglichkeiten weltlicher Machtausübung. In den Versuchungsgeschichten ist das beschrieben als Verzicht auf Konsumorientierung (aus Steinen Brot machen), auf Sensation (sich von der Tempelzinne stürzen) und auf Gewalt (Anbetung des Machtprinzips) – sofern ein Mensch nicht im Geliebt-Sein steht, ist er allen anderen Mächten ausgeliefert. Wer die Liebe vielleicht noch aus Angst vor den Konsequenzen von sich weist, ist schon „gestraft".

Die Sünde ist zugleich die Strafe. Wer nicht atmen will, muß ersticken; wer sich die Wasserleitung zerstört, hat „zur Strafe" kein Wasser. Gott „wartet", daß irgendwann jeder Mensch so weit ist, daß er sich von der Liebe ganz überwältigen läßt. Es ist unsere christliche Hoffnung, daß am Ende, im Tod, wohl keiner mehr der überwältigenden Kraft der Liebe widersteht, wenn alle alles sehen, wie es ist. Gott offenbart diese Liebe,

Abb. 8: Sich wahrnehmen – in sich hineinhören – die Sinne nach innen richten

damit wir schon vor dem Tod, im irdischen Leben, von der Liebe überwältigt werden können und schon in diesem Leben, das so ist, wie es ist, das Glück, das ewige Glück, wenigstens anfangshaft erlangen können. Wenn auf Erden alle Menschen von der Liebe überwältigt wären, hätten wir das Reich Gottes auf Erden. Im Vaterunser bitten wir darum: Zu uns komme dein Reich.

3. Heilender Glaube: heilige Zeichen

Damit „Gott" und der Glaube heilen und glücklich machen können, muß bewußtwerden, daß alle Lebenswirklichkeit *Symbolwirklichkeit* und alles Lebensgeschehen *Symbolgeschehen* ist. Symbol (symballein, griechisch = zusammenwerfen, vereinen) ist die Einheit zweier Wirklichkeiten: einer sinnenhaften, materiellen, vergänglichen, irdischen und einer geistigen, immateriellen, unvergänglichen, ewigen. „1+1=1", zwei Wirklichkeiten werden in einer erlebt. Das Ewige wird im Vergänglichen erlebt. Das Leben, die Liebe, Gott, wird primär nicht mit dem Verstand erschlossen, sondern durch die Symbole und ihre Sinngestalt erfahren. Die Symbolwirklichkeit und das Symbolgeschehen kann man Kindern viel leichter vermitteln als den vorwiegend rational denkenden Erwachsenen. So erfahre ich z.B. Liebe durch einen Händedruck, durch den freundlichen Blick der Augen, durch den warmen Klang der Stimme..., durch Zeichen und durch die Sinngestalt der Symbole. Das Symbolgeschehen hat drei Stufen:

1. Zunächst habe ich eine Sinngestalt *vor* mir, z.B. einen Gegenstand, eine Blume, ein Bild, einen Ton, eine Erlebnisgeschichte usw.

2. Ich wende mich absichtslos der Sinngestalt zu und setze mich ihr aus, damit sie auf mich *ein-wirken* kann (Meditation, Feiern, Spielen). Über die geübten Sinne (Sensibilisierung) geht die Sinngestalt in mich ein („Ein-bildung"). Nun habe ich das Bild, die Sinngestalt, *in* mir, und andrerseits bin *ich* jetzt „im Bilde".

Jetzt kann mir der geistige Gehalt des Symbols „aufgehen". Dieses innere Schauen, Hören, Fühlen, Schmecken kann sich bis zur Intuition (erleuchtetes Schauen) steigern. So werden geistige Wirklichkeiten er-schaut, er-hört, erfühlt, er-schmeckt.

3. Schließlich werde ich durch das Erschaute verändert. Wer Gott, die Liebe, erschaut, wird in der Überwältigung durch die Liebe glücklich. Die erfahrene Wirklichkeit kann ich nun wirklich sinnenhaft aus-gestalten („Aus-bildung") und als Sinngestalt („Kunstwerk") weitergeben.

4. Symbolbereiche, Beispiele

Im folgenden Abschnitt wird auf Symbolbereiche hingewiesen, in denen die Sinnfindung des Lebens und damit die Gottfindung (Geliebtseinserfahrung) erfolgen kann. Damit Symbolerziehung gelingt, muß der konsumorientierte und lustverwöhnte Mensch von diesen Zwängen befreit werden. Dies kann nur geschehen durch Fasten, Verzichten, Sich-Enthalten. Die Freude am Verzicht, am Nicht-Haben-Müssen muß als Erziehungsziel gesehen und verwirklicht werden, wenn unser Leben nicht am sinnlosen Konsum („Wärmetod der Selbstverwöhnung") scheitern soll.

Symbolbereich Körper

Die Liebe, Gott, wird ganz praktisch erfahren als Freude, als „Glück". Der „Ort", an dem die Freude vor allem erlebt wird, ist die *Nähe*. Das Instrument oder Medium, durch das ich Freude erlebe, ist mein Körper. Die Tiefe der Nähe kann ich nicht als Zustand, sondern nur als Augenblick erleben. Die Augenblicke des Glücks sind nur möglich, wenn die körperliche Nähe im Rhythmus von Distanz und Nähe schwingt. Durch zuviel und durch zuwenig äußere Nähe kann die innere Tiefe der Nähe verlorengehen. Zuviel äußere Nähe (Nähegier des konsumorientierten Menschen) bewirkt Auslöschung, zuwenig äußere Nähe Isolation. – Bei den Näheerlebnissen, in denen die Liebe „vorkommt", geht es nicht nur um die Nähe von Mensch zu Mensch, sondern um jede Näheerfahrung: ich und die Geschöpfe; die Blumen, die Tiere, die Lieblingsgegenstände, meine „Um-gebung", meine „An-Wesen" (die ich anschaue, anhöre,

Abb. 9: „Du“! Menschen wahrnehmen

anrühre und die mich anschauen, anhören, anrühren).
Die „Frohe Botschaft“ der Bibel: „Das Reich Gottes ist nahe“ lautet ins Praktische übertragen: Der Bereich Gottes ist die Nähe (vgl. Lk 17,20: „das Reich Gottes ist in euch“). Hier liegt der Ansatz der religiösen Erziehung. Ich versuche die Nähe- und Freudeerlebnisse aus dem Glauben zu deuten: Gott ist *das* Liebe, der, der liebt, in der Liebe; ich spüre ihn, wenn ich liebe und geliebt werde, wenn *ich* mich freue, ist es eigentlich *er*, der mich erfreut; Gott ist *das* Nahe in der Nähe, das, was „zieht“ und attraktiv ist in der Beziehung, das Bräutliche, das Braut und Bräutigam erleben. Die Freude ist *die* Kraft des Lebens, mit der ich sogar das Leid bewältige. „Freude-Kraft“, „Gut-gehe-Kraft“, „Angst-vergehe-Kraft“, „Verzeihe-Kraft“, „Aushalte-Kraft“

sind Worte, die Kindergartenkinder selbst gebildet haben. Sie besagen praktisch genau das, was die Theologie in die Begriffe „Heiliger Geist“ und „heiligmachende Gnade“ gefaßt hat. Nähe kann man feiern durch Nähespiele (Tänze, Begrüßungstänze) und Näherituale (Hand geben, umarmen, schmusen, streicheln, einladen, besuchen, Platz nehmen lassen). In Verbindung mit der Deutung aus dem Glauben können alle Nähespiele zum Gottesdienst werden. Die Grundlage aller Liturgie ist die Nähe, die *Versammlung*, das körperliche Sich-in-die-Nähe-Begeben. Gleichzeitig wird die Verantwortung für Nähe deutlich: Durch zuwenig Distanz oder durch konsumhafte, gierige Ausbeutung der körperlichen Nähe kann der Himmel zur Hölle werden. Der Nächste kann mein Himmel, aber auch meine Hölle sein!

„Die Liebe geht durch den Magen!“

Dieses Sprichwort wird so häufig gebraucht, daß sein tiefer Sinn kaum mehr gewürdigt wird. Essen und Trinken „hält“ nicht nur „Leib und Seele zusammen“, es ist auch das ursprünglichste Symbol für Geliebtsein, Willkommensein, Gewolltsein. Wer mich einlädt, wer mir zu essen und zu trinken gibt, der läßt mich lustvoll „schmecken“, wie lieb er mich hat. Der Gastgeber gibt durch Speise und Trank etwas „von sich“, von seiner Lebenskraft. Die Konsumgier unserer Zeit hat den Symbolwert von Essen und Trinken weithin verdrängt. Essen und Trinken sollen glücklich, aber nicht dick machen. Wenn die Menschen in unserer Region so glücklich wären, wie sie dick sind, hätten wir den Himmel auf Erden. Das Glück des Lebens ist eben nicht die Lust, sondern das Geliebtsein, das sowohl lustvoll als auch leidvoll erlebt wird. Der Lustmensch macht die Lust, die er dauernd steigern muß, zum Inhalt des Lebens und geht schließlich an der Sucht zugrunde. Der Gläubige, der echte Lebe-Mensch, freut sich auch an der Lust, aber sie ist nicht der Ursprung und der Inhalt der Lebensfreude. Ursprung und Inhalt der Freude ist die Liebe Gottes, der nur lustvolle Augenblicke schenkt, um mir zu zeigen, wie er mich liebt und wie gut es ist, daß es mich gibt. Es muß eben die *Liebe* durch den Magen gehen, und das kann auch durch ein Stück Brot oder eine Handvoll Reis geschehen, die ein anderer mit mir teilt oder die ich mit einem anderen teile.

Das Urvertrauen im Paradies wurde von Gott buchstäblich „gespeist“. Die ersten Menschen wurden gespeist am gedeckten Tisch der Natur, wenn es auch „nur“ Wurzeln, Sprossen, Früchte und Samen waren, die „es“ (= ER) gab. Sie erlebten dadurch täglich neu, daß sie gewollt, geliebt und von vornherein angenommen und erwünscht waren. (Das sind alles Grunderfahrungen, die heute vielen Kindern fehlen.) *Gott* speist seine Geschöpfe; Brot und Wein, das Alltägliche und das Besondere, Alltag und Festtag lassen auch hier einen Rhythmus erkennen. In den Brotvermehrungsgeschichten der Bibel und durch das Jesuswort „Betrachtet die Vögel des Himmels und die Lilien des Feldes“ werden wir wieder daran erinnert, daß es ja Gott ist, der uns auch heute noch speist und am Leben erhält. Schließlich sagt Jesus: Ich bin Brot, ich bin Wein, d.h., meine Liebe ist es (die Liebe, die sich in Jesus verkörpert hat), die in euch eingeht. Wer davon ißt und trinkt, hat das ewige Leben. Ferner ist Essen und Trinken, das Mahl, das Symbol, durch das Beziehung, Gemeinschaft, verwirklicht wird: die „Ver-Mählung“. Menschliche Ge-

Abb. 10: Gesegnete Mahlzeit!
Mit allen Sinnen genießen

meinschaft ist immer Mahlgemeinschaft. Gott „vermählt" sein Volk!
Durch Pflege der Essenskultur und durch Bewußtmachen ihrer Symbolhaftigkeit könnten Essen und Trinken wieder mehr als Erfahrungsort für Liebe und Freude erschlossen werden. Was hat die Lust für einen Sinn, wenn die Freude verlorengeht! Speisen bereiten, Tisch decken und schmücken, Plätze vorbereiten, Feste feiern, sich benehmen usw.– : hier liegen praktische Möglichkeiten der Erziehung.

Das Fasten, das Verspüren von Hunger und Durst, ist auch eine Voraussetzung, daß Essen und Trinken ein Erlebnis werden. Bei „gleitender Brotzeit" und bei pausenlosem Essen und Naschen wird jedes Mahl sinnlos.

Die Symbolkraft der Bilder, Märchen und Erzählungen

Bilder können das Unsagbare zum Ausdruck bringen. Der Verstand kann mit seiner Logik immer nur einen Teil der Wirklichkeit erfassen. Wenn wir Wirklichkeiten weitergeben wollen, sprechen wir in Bildern, Metaphern und Vergleichen. Im Bild kann ich auch die verstandesmäßig unlogischen Wirklichkeiten erfassen. So bringt z.B. Meister Eckart im Bild vom glühenden Schnee die Einheit von kalt und warm symbolisch zum Ausdruck. Die Putten der Barockkunst bringen alle menschlichen Gefühle zum Ausdruck. Religiöse Erfahrungen und Erfahrungen des Glaubens können in Bildern dargestellt und über das Bild-Erleben („Bildung"!) weitergegeben werden, wo sprachliche Information an ihre Grenzen stößt. Ein Künstler, der ein Bild von Jesus malt, malt ihn so, wie er ihn erlebt hat (auch ein Kind!). In *seinem* Bild ist die Jesusbegegnung mitenthalten. So kann das Bild sowohl zur Begegnung mit Jesus als auch mit dem Künstler führen. „Kunst" hat mit „künden" zu tun. Sie kommt aus der Kommunikation und führt zur Kommunikation. Wenn Kinder z.B. ihre Eltern malen, bringen sie ihr Verhältnis zu den Eltern zum Ausdruck.

Bilder muß man betrachten, meditieren. Ich muß ein Bild so lange anschauen, bis es mich anschaut und bis *ich* „im Bilde" bin. Es gibt vielerlei Methoden der Bildmeditation, wie man sich (in) das Bild „ein-bilden" kann. Die wichtigste Methode ist wohl die Einfühlung (Empathie). Man kann ein Bild lange anschauen, dann die Augen schließen und schauen, was in der Phantasie geblieben, was „eingegangen" ist. Dann kann man selber malen, was in einem selbst und mit einem selbst geschehen ist.

Märchen, Erzählungen, Erlebnisschilderungen, Gleichnisse und Parabeln sind lebendige Bilder, die ebenfalls bewirken sollen, daß man selber etwas erlebt. Wer z.B. die Wahrheit der Märchen nach den äußeren Sachverhalten bewertet, hat vom Symbolgeschehen noch nichts begriffen. Er sagt dann: „nur" ein Märchen, „nur" ein Symbol.

Auch die biblischen Erzählungen sind Symbolerzählungen. Alle Gottbegegnungen sind Symbolereignisse, bei denen eine äußere Sinngestalt, vielleicht ein ganz alltägliches Geschehen (z.B. der Reiterunfall bei der Bekehrung des Saulus) verknüpft ist und in eins erlebt wird mit einer ganz persönlichen, wirklichen Gottesbegegnung. So ist aus dem Saulus der Paulus geworden. So haben die Jünger den Auferstandenen erlebt. Wenn (bei Lk 24) der Auferstandene einen wirklichen, gebratenen Fisch ißt, so wird dadurch deutlich gemacht, wie real, d.h. „wirklich", die Begegnung mit dem Auferstandenen war und ist. Wenn uns bei der Feier der Ostersymbole aufgeht, daß Jesus lebt, dann ist das reale Wirklichkeit, die von Gott gewirkt ist, so daß auch wir, wenn wir betroffen wurden, sagen können: „Der Herr ist wahrhaft auferstanden; er ist *uns* erschienen." So geben z.B. auch die Totenerweckungserzählungen keine Auskunft darüber, was physikalisch geschehen ist. Sie wollen uns vielmehr helfen, daß auch uns aufgeht: Bei Jesus, bei Gott, gibt es keinen Tod. Wer an Jesus glaubt, „wird den Tod nicht schauen in Ewigkeit". Wenn Kinder und vor allem Erwachsene fragen: War das wirklich so? Ist der Leichnam Jesu nicht verwest?, müssen wir sagen: Das wissen wir nicht; die biblischen Erzähler

Abb. 11: Gott kommt durch die Sinne in den Sinn. Wasser – Symbol für neues Leben durch die Taufe

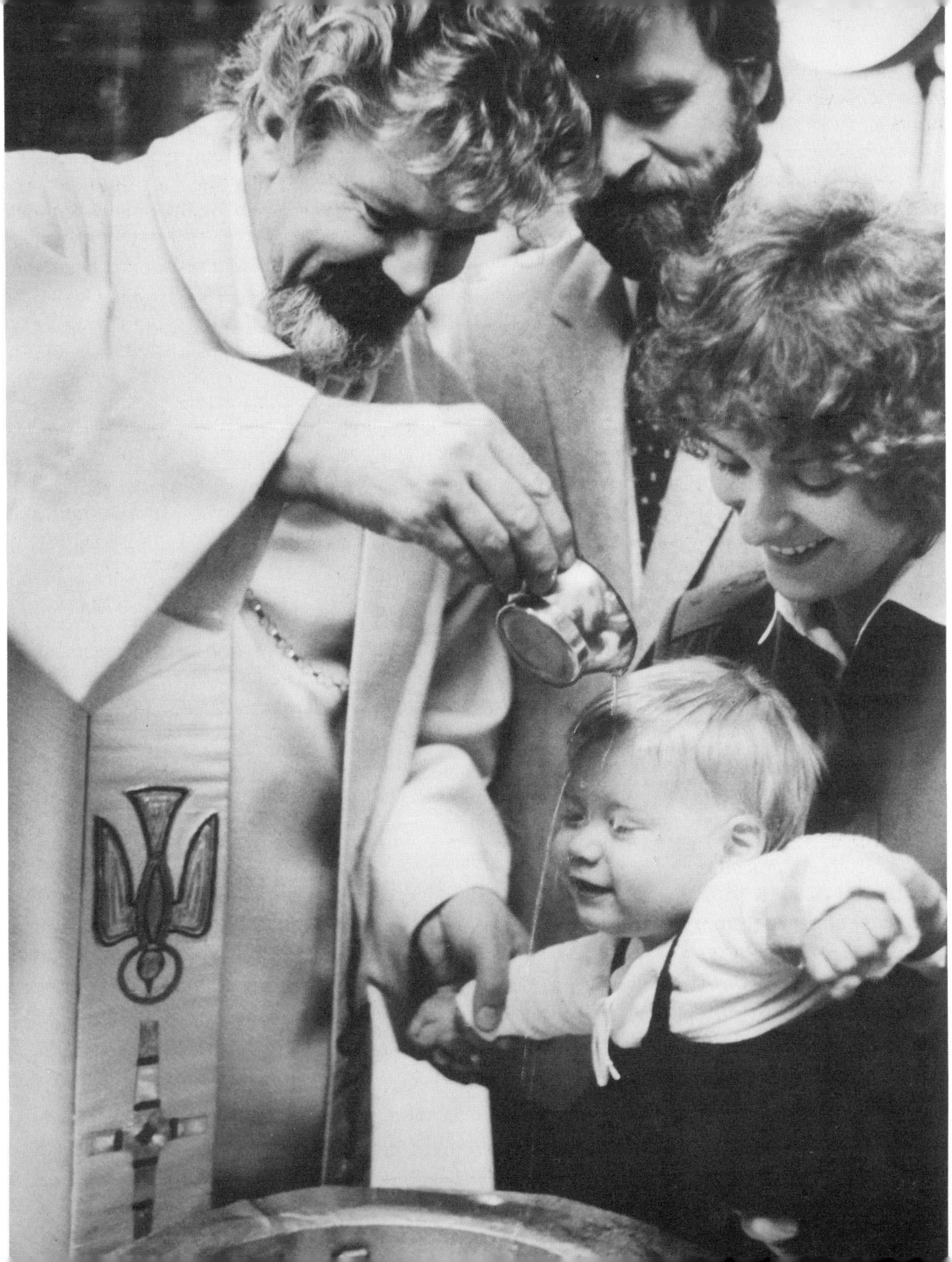

wollten uns nur helfen, daß uns das aufgeht, was ihnen aufgegangen ist, daß der Tod nicht tötet und daß uns Jesus alle Angst nimmt, wenn wir an ihn glauben und ins Urvertrauen zurückkehren. Das Aufgehen der Wahrheit ist immer die Tat Gottes in meinem Leben, die freilich durch die Offenheit und das Bemühen um die Symbole (Hören, Feiern, Meditieren) meinerseits unterstützt werden kann und muß. Die Schärfung der Sinne und das Umgehen mit Symbolen und Symbolgeschichten kann und muß eingeübt werden. Bei Kindern ist das meist viel leichter als bei Erwachsenen, die oft rational zu stark und einseitig festgelegt sind. Andererseits muß das Erfahrene unbedingt reflektiert und in (erfüllten!) Begriffen festgehalten werden. Die Gemeinsamkeiten der ganz persönlichen Gotteserfahrungen ergeben die Objektivität des Glaubens und die „Glaubenslehre“. Die Glaubenslehre ist aber das Ende und nicht der Anfang im Glaubensgeschehen.

Zum Weiterlesen

David Steindl-Rast: **Die Achtsamkeit des Herzens** (bes. S. 33), Goldmann TB 12398

Abb. 12: Alltagswunder erleben und nahe sehen. Beispiel: Sahne im Kaffee

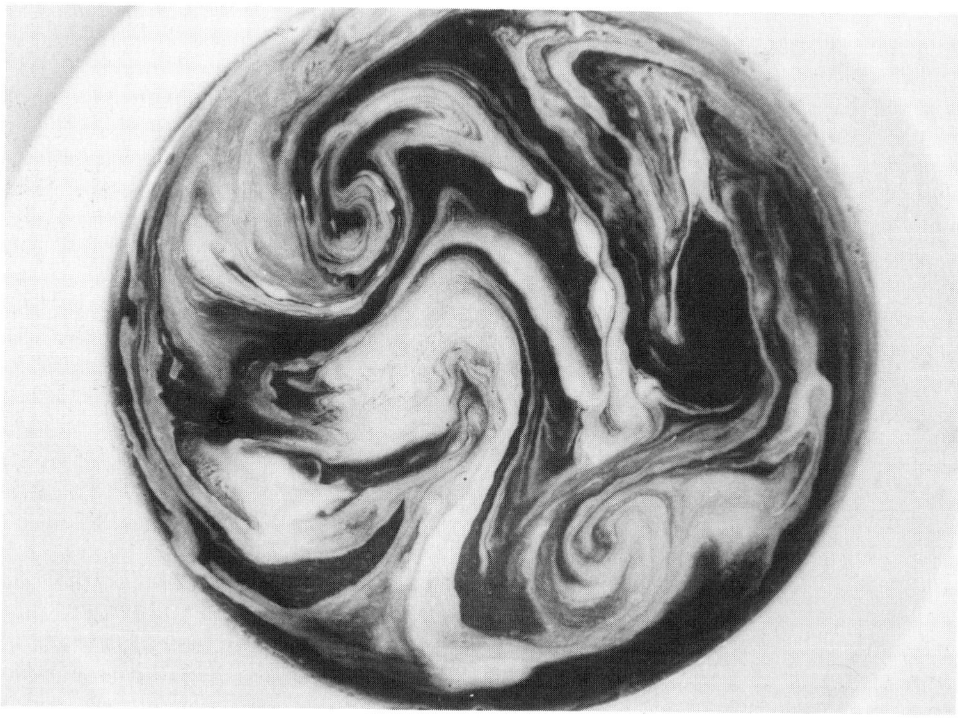

Sinn-liche Sprache

Gesinnung
Gemeinsinn
Unsinn
Uhrzeigersinn
Blödsinn
Temperatursinn
Sinn für das Schöne
und Gute
Bewegungssinn
Gesichtssinn
Geruchssinn
Farbensinn

Gehörssinn
Gleichgewichtssinn
Zeitsinn
Tastsinn
keinen Sinn sehen
Nahsinn
von Sinnen sein
Ansinnen

sich entsinnen
sich besinnen
nachsinnen

sinnlos
sinnig
besinnlich
besonnen
gut gesinnt sein
sinnlich
sinnvoll
übersinnlich
außersinnlich
hintersinnig

Sinnesfreude
Eigensinn
Stumpfsinn
Frohsinn
Leichtsinn
Starrsinn
Feinsinn
Formsinn
der 6. Sinn
Scharfsinn

jemand die Augen öffnen
im Auge behalten
mit offenen Augen durch
die Welt gehen
ins Blickfeld kommen
mein Augapfel
jemand aus dem Auge
verlieren
eine Augenweide
das siehst du richtig
die Sichtweite
ich bin der Ansicht
vor etwas die Augen
verschließen

jemand nicht riechen können
die Nase rümpfen
jemand steht einem nicht zur Nase
ein Geschäft wittern
es stinkt mir

ganz Ohr sein
jemand sein Ohr leihen
taub sein für etwas
auf diesem Ohr hört er schlecht
Wer nicht hören will, muß fühlen
gehorchen
auf jemanden hören

keinen Geschmack haben
geschmacklos
sauer sein
bittere Tränen
süße Träume
scharfe Sachen
bittere Erfahrungen

begreifen
aus dem Gleichgewicht
kommen
ein geistiger Balanceakt
es juckt mich nicht
der Auffassung sein
im Griff haben
beeindrucken
heiße Musik
kühle Musik
warme Farben
kühle Farben

Abb. 13: Verstrickt – verwickelt – vernetzt – verbunden... Wo laufen die Fäden zusammen?

Wenn wir unsere Sinneseindrücke jemand anderem mitteilen wollen, fehlen uns häufig die Worte. Ein bestimmtes Blau, das wir einmal in Griechenland gesehen haben, bekommen wir in einem Malergeschäft nur dann, wenn dort bei dem Maler das Wort Griechenland-Blau einen ähnlichen Farbeindruck auslöst wie bei uns (und wenn er es auch vorrätig hat bzw. mischen kann). Leichter fällt die Verständigung, wenn uns eine Farbpalette von verschiedenen Blaus vorgelegt wird und wir dort nur auf unser Blau deuten müssen.

Besonders schwer fällt eine verbale Verständigung über differenzierte Geschmackseindrücke. Wie wollen wir jemand mitteilen, daß die chinesische scharf-sauere Suppe in einem bestimmten Lokal genau die richtige Mischung zwischen scharf und sauer hat. Wer es wissen will, muß wohl in das gleiche Lokal gehen und die Suppe kosten.

Anderseits benützen wir „Sinneswörter“ immer dann, wenn wir uns besonders deutlich machen wollen: Wir sagen z.B.: „Die Sorgen drücken wie eine schwere Last“ und gehen davon aus, daß unsere Gesprächspartner aus Erfahrung wissen, wie das Drücken einer schweren Last ist.

Menschen zeigen oft durch die Sprache, welche Sinnessysteme sie bevorzugen. Was sie erleben, worauf sie in erster Linie achten, das drükken sie mit bestimmten Wörtern aus. Meist wählen sie unbewußt jene Wörter aus, die ihrer Erfahrung am besten entsprechen. Für die einen steht das Sehen im Vordergrund, für andere das Hören, Fühlen, Riechen oder Schmecken.

Oft drücken wir auch mit einem Wort aus einem Sinnesbereich einen Sachverhalt aus einem anderen Sinnesbereich aus: Man spricht hier auch von Synästhesien und meint die Miterregung eines Sinnesorganes bei Reizungen eines anderen, z.B. eine akustische Wahrnehmung bei einem Farbreiz: schreiendes Grün...

Auch in anderen Sprachen gibt es viele Beispiele sinnlicher Sprache (Übersetzung: wörtliche/übertragene Bedeutung):

italienisch

Costa un occhio della testa (Es kostet ein Auge aus dem Kopf/Es wird sehr teuer)

Fare gli occhi di triglio (Seebarbenaugen machen/Jemanden verliebt anschauen)

Stare con l'orecchio teso (Mit gespanntem Ohr stehen/Die Ohren spitzen)

Mettere il naso fuori (Die Nase hinausstrecken/Aus dem Haus gehen)

Avere il cuore in bocca (Das Herz im Mund haben/Angst haben)

englisch

to have butterflies in one's stomach (Schmetterlinge im Magen haben/Ein flaues Gefühl in der Magengegend haben)

to be in a jam (In der Marmelade sitzen/In der Patsche sitzen)

as cool as cucumber (So kalt wie eine Gurke/Eiskalt sein)

türkisch

gözleri yollarda kalmak (Meine Augen sind auf der Straße geblieben/Sehnsüchtig auf jemand warten)

Ağzi süt kokuyor (Sein Mund riecht noch nach Milch/Er ist noch nicht trocken hinter den Ohren)

kulağı delik (Das Ohr hat ein Loch/hellhörig)

burnu büyüdü (Seine Nase ist groß geworden/hochnäsig)

derìsìne sığmıyor (Er paßt nicht unter die Haut/Er kennt sich nicht mehr vor lauter Stolz)

ungarisch

Megérzi, mint macska/szamár az esőt (Er fühlt es wie die Katze/der Esel den Regen/Er weiß vorher, was kommen wird)

Enyves a keze (Er hat klebende Hände/Er ist ein Dieb)

Vág az esze, mint a borotva (Seine Stirn schneidet wie das Rasiermesser/Er denkt schnell)

Vielen Dichtern gelingt es, durch ihre Sprache Sinnlichkeit zu vermitteln. Aus der Fülle der „sinnlichen“ Autoren möchte ich (außer dem bereits erwähnten Buch „Schöpferische Pausen“ von Rudolf Seitz) besonders hinweisen auf: Italo Calvino: Unter der Jaguar-Sonne, dtv 11325
derselbe: Herr Palomar, dtv 10877

Zum Weiterlesen

Thies Stahl
Neurolinguistisches Programmieren (NLP)
Was es kann, wie es wirkt und wem es hilft, pal, Mannheim 1992

Überleben durch unsere Sinne

Die Entwicklungsgeschichte unserer Sinne (wie sie sich aus Keimanlagen entwickelt und im Lauf von Jahrtausenden gebildet haben) wird uns von den Naturwissenschaften relativ einsichtig dargestellt. Es werden nur solche Umwelteinflüsse aufgenommen, die für das Überleben in der Umwelt der Primaten, von denen wir abstammen, wichtig waren.

So konnten z.B. unsere Vorfahren ihre Ernährung nicht im Supermarkt auswählen; sie waren darauf angewiesen, daß sie ihr Geschmackssinn entsprechend leitet. Die Attraktivität der Geschmacksqualität „süß" ist z.B. überwiegend auf Substanzen beschränkt, die als die wichtigsten Energiespender anzusehen sind. Bitter schmecken dagegen eine große Zahl giftiger Naturstoffe. Jeder Pilzsammler, der den giftigen Bitter- oder Gallenröhrling versehentlich einem Gericht mit wohlschmeckenden Sorten beigibt, wird durch seine Bitterrezeptoren vor dem Weiteressen gewarnt. Anderseits mögen manche Menschen bittere englische Orangenmarmelade, Magenbitter und bittere Schokolade.

Auch die besondere Empfindlichkeit bzw. Kitzligkeit der Fußsohlen ist möglicherweise eine biologische Erinnerung an die Jahrmillionen, während derer das Ertasten einer kleinen Unebenheit unter dem Fuß womöglich eine Situation von äußerster Dringlichkeit signalisierte.

Vielleicht ist Ihnen auch schon aufgefallen, daß rasche Bewegungen am äußersten Rand unseres Gesichtsfeldes uns häufig irritieren und zu einer unbewußten Blickwendung in Richtung auf die bewegten Gegenstände veranlassen. Dieser Reflex deutet darauf hin, daß das Auge auch als Alarmorgan entwickelt ist. Es stellt sich die Frage, ob sich bei anderen Umständen vielleicht ebensogut andere Organe entwickelt hätten. Unsere Sinne haben sich in einer Zeit entwickelt, in der es noch keine Autos, keine Kernkraftwerke und keine Spraydosen gab.

Wir haben bekanntlich
keinen Sinn,
der Ozon erkennt,
der vor giftigen Autoabgasen warnt,
der radioaktive Strahlung meldet...

Es stehen uns jedoch heute genügend Geräte (sozusagen „Prothesen") zur Verfügung, die uns über Augen und Ohren Gefahren melden, die unsere Sinne nicht erkennen. Es liegt allerdings an uns, ob wir auf unseren technischen Gefahrenmelder genauso rasch reagieren, wie wenn wir mit der Hand versehentlich eine heiße Herdplatte berühren.

Zum Weiterlesen

Hoimar v. Ditfurth: **Der Geist fiel nicht vom Himmel,** dtv 1587

Helmuth Plessner: **Anthropologie der Sinne,** Suhrkamp Verlag, Frankfurt a. M. 1980

Der 7. Sinn

Der 7. Sinn heißt eine Fernsehsendung, die Tips zu einem sinnvollen Verkehrsverhalten gibt. Der Titel der Sendung will m. E. darauf hinweisen, daß von unseren Sinnen für das Überleben im Straßenverkehr eine besondere Art von Aufmerksamkeit verlangt wird, die sich von der Aufmerksamkeit, die z.B. ein Waldspaziergang erfordert, erheblich unterscheidet.

Es reicht z.B. nicht aus, die Farbe Rot bei einer Ampel nur zu registrieren; entsprechende Reaktionen sind gefordert. D.h., in unserem Gehirn muß bereits vorher ein „Ampelprogramm" eingegeben worden sein, das unsere Wahrnehmung auf Ampeln lenkt und das uns sagt, wie wir uns bei den jeweiligen Ampelfarben verhalten sollen. Man spricht in diesem Zusammenhang von selektiver Aufmerksamkeit. Ein routinierter Verkehrsteilnehmer hat in seinem Programm von der Verkehrswirklichkeit alle Möglichkeiten eventueller Gefahren und entsprechende Reaktionsweisen eingebaut.

Dieses Programm ist relativ kompliziert, da der gleiche Sinneseindruck in verschiedenen Situationen oft unterschiedlich interpretiert werden muß. Das Rot der Fußgängerampel heißt in der Regel Halt. Befindet sich ein Fußgänger jedoch beim Überschreiten der Straße in der Fahrbahnmitte, während die Ampel auf Rot schaltet, muß er bis zur anderen Straßenseite zügig weitergehen.

Die selektive Aufmerksamkeit ist bei Kindern häufig von Gefühlen mitbestimmt, wenn sie z.B. auf den über die Straße rollenden Ball gerichtet ist anstatt auf die Ampel, die Rot zeigt.

Abb. 14: Nur wer seine Sinne beieinander hat, hat Überlebenschancen.

Die für den Straßenverkehr notwendige selektive Aufmerksamkeit und entsprechende Reaktionsweisen können und müssen trainiert werden.

Vor allem die Wahrnehmungsbereiche, die bei Kindern noch nicht vollständig entwickelt sind, müssen besonders berücksichtigt werden.

Kinder im Vorschulalter haben u. a. noch Probleme bei der Aufmerksamkeitsverteilung, z.B. gleichzeitig auf Radfahrer, Pkw's, Ampel und Fußgänger zu achten,

bei der Rechts-Links-Unterscheidung,
bei der Formwahrnehmung und Farbunterscheidung,
bei der Raumorientierung und beim Schätzen von Geschwindigkeiten, Entfernungen und Abständen.

Am Beispiel der selektiven Aufmerksamkeit wird noch einmal deutlich, daß Wahrnehmung mehr ist als ein bloßes Registrieren von Sinneseindrücken. Das Grundmuster aller integrativen Leistungen des Zentralnervensystems (wie z. B. die selektive Aufmerksamkeitsleistung) besteht vielmehr darin, daß die über die Sinne eingehenden Sinnesdaten auf ihre Bedeutung für einen bestimmten Wahrnehmungsbereich wie etwa den Verkehr hin überprüft und interpretiert werden. Über welche Wahrnehmungshypothesen ein Kind verfügt bzw. nach welchem System es die Sinnesdaten filtert, hängt wesentlich von seiner jeweiligen Erziehung zum sicheren Verkehrsverhalten ab. Bei einem Autofahrer, bei dem Kinder auf der Straße nicht sofort eine erhöhte Aufmerksamkeit und entsprechende Rücksicht auslösen, ist mit Sicherheit in der Erziehung einiges versäumt worden.

Zum Weiterlesen

Kindergarten + Sicherheit. Ein Fortbildungsprogramm für ErzieherInnen, Hrsg. Landesverkehrswacht Bayern e. V., Verlag Heinrich Vogel, München

Wenn wir Froschaugen hätten

Wenn wir Froschaugen hätten, würden wir nur bewegte, kleine, dunkle Objekte bemerken. Ein Frosch in der Umgebung von hundert frisch getöteten Fliegen müßte verhungern, da er sie nicht sieht.

Tiere haben eine Reihe anderer Sinne als der Mensch, die ihnen ihr Überleben sichern: Einige sehen elektrische Felder, infrarotes, ultraviolettes und polarisiertes Licht. Manche „hören" Bilder, riechen kilometerweit, spüren Erdbeben voraus, schreien für uns unhörbar, navigieren nach der Sonne, den Sternen und nach Magnetfeldern.

Einige Beispiele nach dem Buch von John Downer „Die Supersinne der Tiere" sollen hier kurz genannt werden:

Wärmesensoren

Einige Tiere verfügen über Wärmesensoren. Wanzen reagieren beispielsweise auf winzige Temperaturveränderungen, die bei Annäherung eines möglichen Wirtstieres entstehen. Ebenso reagieren Zecken auf Temperaturen, die der Bluttemperatur entsprechen. Einige Riesenschlangen verfügen über bis zu 13 wärmeempfindliche Organe.

Wetterempfindlichkeit

Bienen zeigen vor einem Gewitter deutliche Merkmale von Unruhe und kehren schwarm-

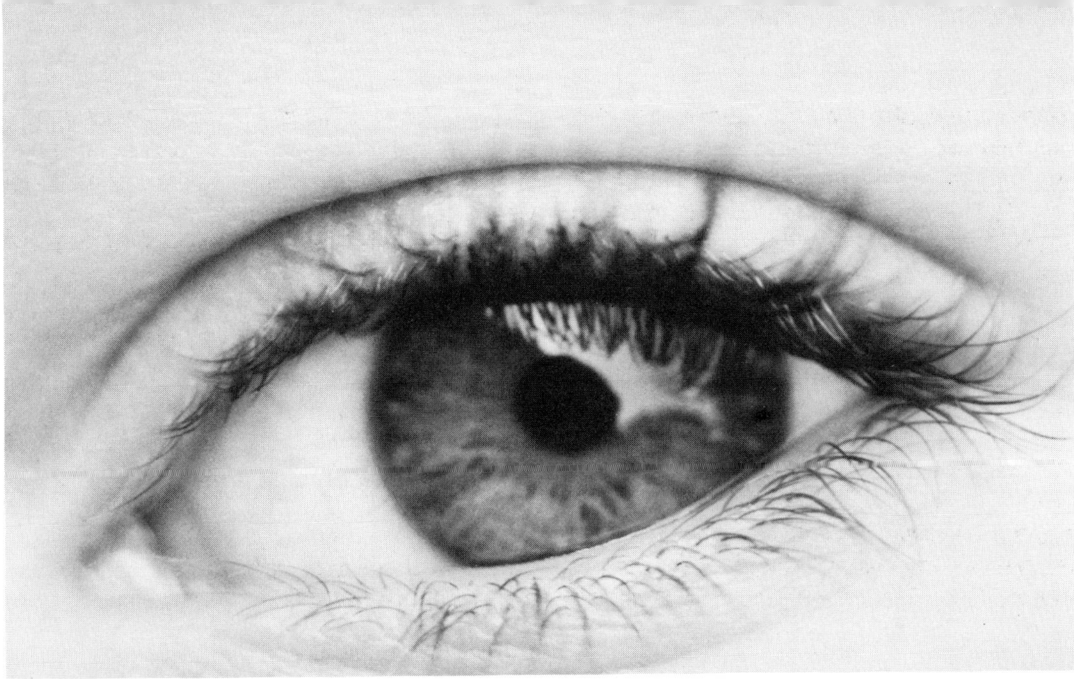

Abb. 15/16: Kinderauge und Tigerauge

weise in ihren Korb zurück. Sie reagieren auf elektromagnetische Felder, die bei einem Gewitter entstehen. Mittlerweile glaubt man, daß auch das Befinden von Menschen durch elektromagnetische Wellen beeinflußt werden kann. Zugvögel warten für ihre Züge günstige Wetterbedingungen ab; sie können offenbar wie ein Barometer Veränderungen des atmosphärischen Druckes bemerken. Diese Fähigkeit dient auch zur Einhaltung der richtigen Flugroute.

Detektoren für die Luftbewegung

Ein Skorpion kann mit speziellen Haaren auf seinen Zangen Luftbewegungen registrieren, die 100mal langsamer sind als die einer leichten Brise. Vor allem Fluginsekten wie z.B. die Bienen überprüfen ihre Fluggeschwindigkeit daran, wie stark ihre Fühler von der vorbeiströmenden Luft nach außen gebogen werden.

Magnetsinne

Wale orientieren sich am Magnetfeld des Meeresbodens. Aufgrund aufwendiger Untersuchungen hat man herausgefunden, daß offenbar auch Zugvögel über einen hochentwickelten Magnetsinn verfügen, der sie ihr Ziel auch ohne Nutzung ihres Gehör- und Geruchssinnes finden läßt.

Sensoren für Elektrizität

Unser gesamter Organismus arbeitet mit Hilfe von Elektrizität, so wird z.B. jede Muskelzelle durch Elektrizität aktiviert. Dennoch können wir ohne entsprechende Geräte wie einen Gehirnstrommesser die elektrischen Ströme anderer Menschen nicht wahrnehmen. Viele Unterwasserbewohner, etwa das Schnabeltier, besitzen jedoch diese Fähigkeit und nützen sie aus, um eine Beute auszumachen.

Kinder interessieren sich vor allem für die Sinnesleistungen der Tiere ihrer Umgebung. Die Nase des Hundes, dessen Riechvermögen um eine Million mal besser sein soll als das des Menschen, ist allseits bekannt. Daß in den Schnurrhaaren der Katze ein hochempfindlicher Tastsinn sitzt, dürfte bei den Kindern weniger bekannt sein. Eine Katze ohne Schnurrhaare wäre im Dunkeln hilflos und hätte Schwierigkeiten, enge Gänge zu passieren.
Was man Kindern über Tiersinne vermittelt, hängt natürlich vom Wissen der Erzieherin und vom Interesse der Kinder ab.
Über welches Beispiel man aber auch mit den Kindern reden mag, Kinder sollten darüber informiert werden, daß sich die Tiersinne in einer Welt entwickelt haben, die noch weitgehend frei von menschlichen Eingriffen in die Natur war. Während wir mit Hilfe von Geräten z.B. die Ozonbelastungen messen, sind die Tiere einzig auf ihre Sinne angewiesen, die durch Veränderungen der Umwelt irritiert werden können.

Zum Weiterlesen

John Downer: **Die Supersinne der Tiere,** Heyne Sachbuch 219

Vitus B. Dröscher: **Magie der Sinne im Tierreich,** dtv 1126

Ulrich Klever: **Geheimsprachen der Tiere,** Heyne Jugendtb. 201

Über die Sinne heilen

Neben der Schulmedizin gibt es einige Heilmethoden, die über die Sinne, also von außen, einen Zugang in das Innere eines kranken Körpers suchen.

Heilen über die Haut

Das Rotieren der Qigong-Kugeln aus China in der Hand, die Fußzonenreflexmassage und die Akupunktur und Akupressur sind Beispiele, wie über die Haut auch therapiert werden kann.

Der englische Neurologe Sir Henry Head hat auf der Haut Zonen entdeckt, die bei Erkrankungen innerer Organe mit erhöhter Berührungs- und Schmerzempfindlichkeit reagieren. Die Therapie geht davon aus, daß auch der umgekehrte Weg, also die intensive Berührung der Haut an ganz bestimmten Punkten (Head'sche Zonen oder auch Dermatome genannt), eine Wirkung auf die Organe hat. Die Reaktionszonen liegen oft fernab von der anatomischen Lokalisation des erkrankten Organs. Vor allem am Fuß und an den Händen werden zahlreiche Reaktionszonen angenommen.

Entsprechende Therapien sind u.a. unter den Namen „Fußzonenreflexmassage" und „japanische Fingerdrucktherapie" bekannt.

Das Auflegen der Hand auf eine schmerzende Stelle ist vor allem bei Kindern nach wie vor eine bewährte Methode, einen Schmerz zu lindern.

Aromatherapie

„Da nahm Maria ein Pfund von echtem, kostbarem Nardenöl, salbte die Füße Jesu und trocknete mit ihren Haaren seine Füße ab; das Haus wurde erfüllt vom Dufte des Salböls" (Joh 12,3). (Nardenöl ist ein aus verschiedenen wohlriechenden Pflanzen hergestelltes Salböl, z.B. aus der Wurzel des indischen Nardenbaldrians).

Über die Aromatherapie sind in letzter Zeit zahlreiche Bücher erschienen. Mittlerweile ist in fast jeder Apotheke eine große Zahl ätherischer Öle zu bekommen.

Folgende Wirkungen werden den Düften u.a. zugeschrieben:
Beruhigend wirken z.B. Kamille- und Lavendelduft. – Gegen Trägheit und Antriebsschwäche sollen Kardamom und Wacholder stärkend und kräftigend wirken. – Für die Hebung der Stimmung sollen u.a. Jasmin und Grapefruit sorgen. – Das Gedächtnis wird durch Zitrone, Pfefferminz und Rosmarin gestärkt. Regulierend, z.B. bei Stimmungsschwankungen, wirken u.a. Bergamotte und Geranie. – Nicht zuletzt sei die sinnlich anregende Wirkung von Jasmin, Ylang-Ylang und Patchouli erwähnt.
Der Duft der Öle wird am besten über eine Duftlampe im Raum verteilt. Wie Düfte auf die Stimmung von Kindern wirken, probiert man am besten selbst aus. Da kann es allerdings geschehen, daß die Kinder beim „Lieblingsduft" der Erzieherin fragen: „Was stinkt denn da so?"

Farbtherapie

Karl Ryberg beschreibt in seinem Buch „Farbtherapie" u.a. Reaktionen auf Licht und Farben, die von Wissenschaftlern untersucht worden sind: Saatkartoffeln etwa, die bei rötlichem Licht gelagert werden, bilden keine Luftkeime. Fett wird bei bläulichem und ultraviolettem Licht schneller ranzig. Im Weinbau hat man entdeckt, daß sich Hefepilze am wohlsten fühlen und den besten Wein ergeben, wenn die Maischebottiche gelb beleuchtet werden.
Auch beim Menschen gibt es entsprechende Reaktionen auf Farben. Bekannt ist u.a. die heilende Wirkung von blauem Licht bei der bei Frühgeburten manchmal auftretenden Gelbsucht.
In der klassischen Farbtherapie sagt man, Rot stimuliere Blut, Leber und Galle, und Grün balanciere den Rhythmus von Herz und Niere aus. Gelb soll nützlich bei Müdigkeit sein und Orange soll die Magen- und Darmfunktion anregen.
Ähnlich wie die Düfte wirken auch Farben auf Seele und Körper. Die seelischen Wirkungen von Farben kann jeder am besten an sich selbst studieren. Vgl. die „Farbhäuschen" S. 97.

Musiktherapie

„... Sooft nun der Geist Gottes über Saul kam, nahm David die Zither und spielte. Saul wurde es leichter zumute, sein Zustand besserte sich, und der böse Geist wich von ihm" (1 Sam 16,23).

Die heilende Wirkung der Musik auf die Psyche ist seit altersher bekannt, wie das Beispiel von Saul und David aus dem Alten Testament zeigt.

In neuerer Zeit ist es fast selbstverständlich geworden, Musik in Therapien aller Art miteinzubeziehen. So berichtete u.a. Hans Rinecker, Chirurg und Chef einer Münchener Privatklinik, in einem Zeitungsinterview, Musik werde auch während einer Operation vom Patienten im Unterbewußtsein positiv wahrgenommen. Der Münchner Heinrich Klaus geht in seinem Buch „Operation ohne Angst" (Ariston Verlag) ausführlich auf die heilsame Wirkung von Musik ein; insbesondere soll demnach Musik helfen, die Angst vor Operationen zu nehmen.
Fast wie eine Rezeptur liest sich das Buch von Christoph Rueger „Die musikalische Hausapotheke", in dem er konkret Musikstücke benennt, die helfen, verschiedene Gemütslagen wie z.B. Angst, Trauer oder Einsamkeit zu ertragen. Er geht dabei von zwei Prinzipien aus:

1. Das Isoprinzip, d.h., zur Linderung bestimmter Leiden soll man zunächst haltungsverwandte Musik spielen. Also z.B. in einer melancholischen Stimmung eine der von polnischer Wehmut gefärbten Mazurken Chopins.
2. Das Analogieverfahren, d.h., z.B. für das Thema Liebeskummer ein Stück zu suchen, das ein Komponist in einer analogen Situation komponiert hat wie etwa Hector Berlioz seine berühmte „Symphonie fantastique".

Es ist bekannt, daß Musik den Herzschlag und die Atmung beeinflussen kann. Das sogenannte „Superlearning", auch als „Methode Dr. Lozanov" bezeichnet, koppelt sprachliche Lernprogramme mit Musikstücken, die im Rhythmus dem Pulsschlag entsprechen. Dadurch soll das Lernen erleichtert werden.

Abb. 17: Heile, heile, Segen ...

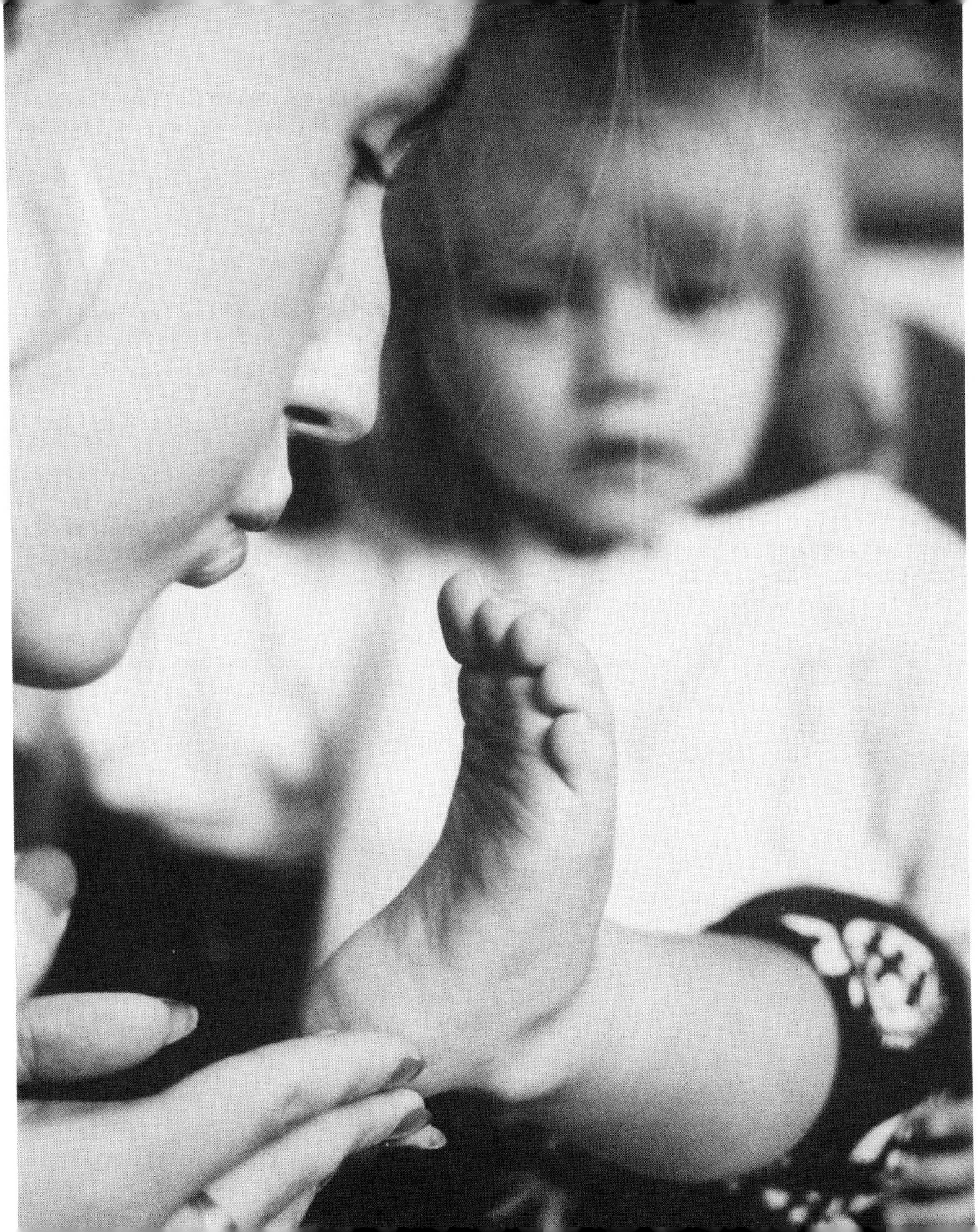

John Diamond, ein amerikanischer Psychiater, stellte z.B. fest, daß das Anhören des Anfanges des dritten Satzes aus Beethovens „Neunter Symphonie“ in einer Aufnahme mit dem Dirigenten Furtwängler bei einer Gruppe von Zuhörern innerhalb von Sekunden bewirkte, daß alle Teilnehmer der Gruppe synchron atmeten. Bei anderen Dirigenten stellte er fest, daß jeder flach und in einem anderen Rhythmus atmete. Versuchen Sie ähnliches am besten selbst bei Ihren Kindern: Lassen Sie z.B. dann und wann eine Hintergrundmusik leise laufen, wenn sie in den Kindergarten kommen. Nach Berichten von Erzieherinnen wirkt z.B. Panflötenmusik von Zamfir beruhigend auf die Kinder.

Im Zusammenhang mit den genannten Heilmethoden seien noch neuere Erkenntnisse erwähnt, die darauf hinweisen, daß der Mensch ein Netzwerk ist, in dem die verschiedenen Systeme wie z.B. das Nerven-, das Hormon- oder das Immunsystem nicht isoliert, sondern miteinander vernetzt arbeiten. Die alten Volksweisheiten „Kummer macht krank“ oder „Lachen ist gesund“ werden damit von der Wissenschaft aufgegriffen und bestätigt. Gaby Miketta geht in ihrem Buch „Netzwerk Mensch“ den Verbindungen von Körper und Seele nach und zeigt neue Wege zu einem künftigen Verständnis ganzheitlicher Medizin.

Zum Weiterlesen

Heilen über die Haut

Hans Höting: **Aktiv und gesund durch die magischen Qigong-Ku**geln, Eigen-Verlag

Aromatherapie

Beate Rieder und Fred Wollner: **Duftführer.** Eine Beschreibung von über 90 ätherischen Ölen, ihrer Wirkung und praktischen Anwendung, A. Wollner, Börwang 1992

Susanne Fischer-Rizzi: **Himmlische Düfte,** Hugendubel Verlag, München 1992

Martin Henglein: **Die heilende Kraft der Wohlgerüche und Essenzen,** Bastei Lübbe – 62 125

Christina Molnar: **Faszination der Düfte,** Delphin Verlag, Köln 1990

Robert B. Tisserand: **Aromatherapie,** Bauer Verlag, Freiburg 1991^6

Farbtherapie

Karl Ryberg: **Farbtherapie,** Mosaik Verlag, München 1992

Waltraud Maria Hulke: **Das Farben-Heilbuch,** Windpferd, Aitrang 1991^2

Musiktherapie

Juliette Alvin, **Musiktherapie,** dtv 4419

Christoph Rueger: **Die musikalische Hausapotheke,** Ariston Verlag, München 1992^4

Heinrich Klaus: **Operation ohne Angst,** Ariston Verlag, München 1990

John Diamond: **Lebensenergie in der Musik,** Verlag Bruno Martin, Südergellersen 1991^7

Ganzheitliche Medizin

Gabi Miketta: **Netzwerk Mensch.** Psychoneuroimmunologie: Den Verbindungen von Körper und Seele auf der Spur, Thieme Verlag, Stuttgart 1992

Marina Strothmann

Wenn die Sinne schlafen

Die Sinne sind das Tor zur Welt. Wir, die Normalen, Gesunden, durchschreiten es mühelos und sind verbunden mit den Dingen, der Natur, mit den Menschen. Sehen, hören, spüren, riechen sind für uns selbstverständliche Leistungen, über die wir willkürlich und unwillkürlich verfügen, die wir einsetzen können zur Kommunikation mit anderen, aber auch für uns selbst, die uns unsere eigenen Einsichten und Wahrheiten vermitteln und die wir auch – in bestimmtem Maße – außer Kraft setzen können, wenn wir dies wollen.

Was aber geschieht, wenn diese so selbstverständlichen Kanäle nach außen nicht funktionieren, wenn sie nur bruchstückhaft zur Verfügung stehen, wenn sie nicht nach Bedarf einsetzbar sind für unsere Ziele und Zwecke – was geschieht, wenn die Sinne schlafen?

Verschiedene Ursachen können zu einer Beeinträchtigung unserer Sinnesleistungen führen, in aller Regel entweder eine Schädigung des entsprechenden Sinnesorganes selbst oder aber eine Schädigung der physiologischen Voraussetzung allen Empfindens, nämlich der entsprechenden Strukturen im Zentralnervensystem.

Viele Kinder zum Beispiel erleiden vorgeburtlich, während der Geburt oder kurz nach der Geburt Schädigungen ihres Zentralnervensystems, z.B. durch Sauerstoffmangel, die – je nach Ort und Ausmaß der Schädigung – zu einer Herabsetzung oder gar zum vollständigen Ausfall von bestimmten Sinnesleistungen führen können. Ist etwa im Rahmen eines diffusen Hirnschadens die Sehrinde betroffen, kann das Kind – bei ansonsten intaktem Auge – nicht sehen, es kann die Reize, die durch die brechenden Medien seines Auges auf die Netzhaut fallen, in seinem Gehirn nicht verarbeiten, es kann die Seheindrücke nicht entschlüsseln, nicht zusammensetzen, nicht zu einem verwertbaren Seheindruck komponieren: Wir sprechen von zentraler oder cortikaler Blindheit.

Diese Kinder schauen uns nicht an, sie sehen durch uns hindurch, sie blicken umher, aber sie nehmen die Dinge nicht wahr, sie reagieren vielleicht auf Licht, aber sie wissen nicht, was dunkel ist und was hell bedeutet. Sie „sehen“, ohne zu erkennen.

Die Umwelt, die sie umgibt, muß ihnen verschlossen bleiben, weil die Reize, aus denen sie besteht, von ihrem geschädigten Sehsystem nicht analysiert werden können. Ihr Wahrnehmungssystem taugt nicht als Schlüssel für die Welt – für *diese* Welt, so wie wir sie wahrnehmen.

Ohne Hilfe wird es diesen Kindern nicht gelingen, teilzuhaben an unserem Leben, und es bleibt ihnen häufig nur der Rückzug auf sich selbst.

Wie könnte so eine Hilfe aussehen?

Wir wissen, daß bestimmte Nervenzellen bzw. bestimmte Zellverbände im Gehirn für die Entschlüsselung bestimmter Reizgegebenheiten zuständig sind – wir wissen aber auch, daß bei

Abb. 18: Konzentriertes Abtasten und Fühlen, ohne zu sehen

Verlust dieser Nervenzellen andere Zellverbände unter Umständen in der Lage sind, die entsprechenden Funktionen zu übernehmen. Besonders günstige Voraussetzungen hierfür sind sicher der frühzeitige Beginn mit gezielten therapeutischen Maßnahmen – und der Versuch lohnt, auch wenn eine Erfolgsgarantie nicht gegeben werden kann. Gezielte therapeutische Hilfe kann nur durch entsprechendes Fachpersonal angeboten werden, wie es z.B. von Frühförderstellen oder Spezialeinrichtungen für spezielle Sinnesbehinderungen zur Verfügung gestellt wird.

Im folgenden sollen einige Prinzipien dargestellt werden, nach denen sich der Umgang mit diesen Kindern richten kann, die vielleicht zum Verständnis für diese Kinder beitragen und die möglicherweise einen Zugang zum Kind und dem Kind einen Zugang zu uns ermöglichen – fachkompetente Hilfe können und wollen sie nicht ersetzen.

Grundsätzlich können wir davon ausgehen, daß die Reizstrukturen, die das Kind – in diesem Fall das zentral sehgeschädigte Kind – vorfindet, zu komplex sind, um von ihm wahrgenommen zu werden, die erforderlichen Diskriminationsleistungen kann es nicht erbringen.

Es gilt also, einfache, prägnante, in sich selbst nicht weiter differenzierte Reize für das Kind zu finden. Eine sehr gute Möglichkeit hierfür sind verschiedene Lichtquellen, die dem Kind zunächst im verdunkelten Raum angeboten werden. Helle und farbige Lichter, Lichterketten, Kerzenlicht, angestrahlte Discokugeln etc., alles, was sich unter dem Begriff „Feuerwerk" zusammenfassen läßt, kann dem Kind dargeboten werden. Es geht zunächst darum, eine Grundaufmerksamkeit für visuelle Reize herzustellen, eine basale Neugier zu erwecken, dem Kind zu signalisieren: Hinschauen lohnt sich für dich.

Auch der Alltag selbst kann optisch so gestaltet werden, daß das Kind kontrastreiche Strukturen vorfindet, die ihm eine Orientierung eher ermöglichen. Ein weißer Teller auf einem hellen Tisch wird kaum die visuelle Aufmerksamkeit erregen, aber ein knallroter Teller auf einer schwarzen Unterlage bietet einen Kontrast, der viel leichter wahrgenommen werden kann.

Ein „normales" Wohnzimmer, in dem vor allem Braun- und Beigetöne dominieren, bietet wenig Nahrung für ein „müdes" visuelles System – aber z.B. leuchtende Farbscheiben, in Augenhöhe des Kindes überall im Raum angebracht, könnten Signalwirkungen haben, „Weckimpulse" geben. Ein Kind, das sich nicht auf seine Sehleistung verlassen kann, wird eine gleichförmige graue Treppe nicht sicher gehen können, es wird sich auf andere Sinne verlassen müssen – leuchtendrote Signalstreifen, an den Vorderkanten angebracht, könnten hier wertvolle Orientierungshilfe geben.

Weiterführende Maßnahmen werden von Spezialeinrichtungen für sinnesgeschädigte Kinder angeboten.

Prinzip im Umgang mit sinnesbehinderten Kindern muß immer sein, davon auszugehen, daß die vorfindbare Reizwelt dem Kind nicht gerecht wird und daß wir eine Welt für diese Kinder suchen müssen, die sie trifft, die ihre Sinne aufweckt und die ihnen *ihre* Möglichkeiten bereitstellt, am Leben teilzunehmen.

Zum Weiterlesen

M. Strothmann: **Hilfen bei spezifischen Entwicklungsbedürfnissen – visuelle Förderung;** in: **Handbuch der Sonderpädagogik,** Bd. 12 Edition Marhold, Berlin

M. Zeschitz/M. Strothmann: **Visuelle Stimulation sehgeschädigter Kinder,** Edition Bentheim, Würzburg 1990

Menschen wahrnehmen

Kinder einer ersten Grundschulklasse wurden einmal gefragt, was sie an ihrer Lehrerin gerne mögen. Viele Kinder antworteten: „Ich mag sie, weil sie immer so gut riecht." Die Verbindung von Gerüchen mit positiven und negativen Emotionen – „ich kann diesen Menschen nicht riechen" – ist allseits bekannt. Physiologisch könnte eine Erklärung dafür sein, daß das Riechsystem in unserem Gehirn sehr viele und enge Berührungspunkte mit dem sogenannten limbischen System hat, das sich u.a. als Steuerzentrale für Emotionen und Gedächtnis spezialisiert hat. Gerüche sind entscheidend mitbetätigt, wenn es um Zu- oder Abneigung gegenüber anderen Menschen geht. Im Kindergarten können wir mit den Kindern das Problem übler Gerüche offen besprechen.

Wir können z.B. durch eine gezielte Mundhygiene dagegen vorbeugen, daß Kinder wegen üblen Mundgeruches gemieden werden. Im Erwachsenenalter traut sich selten jemand mitzuteilen, daß der andere aus dem Mund riecht.

Der Klang der Stimme eines Menschen beeinflußt ebenfalls oft unsere Wahrnehmung. Kinder mögen keine kreischenden Erzieherinnen und Erzieher, und diese mögen keine schreienden Kinder. Mit der Stimme verändert sich auch die Harmonie der Körperhaltung. Mit einer schrillen

Stimme können z.B. kaum harmonische, runde Bewegungen ausgeführt werden. Ein tiefgestimmtes Wiegenlied dagegen führt Stimme und Bewegung harmonisch zusammen.
Wie wir Kleidung und Äußeres eines Menschen in unserer Wahrnehmung werten, hängt stark von unseren erlernten Normvorstellungen ab. Es gibt Gruppen und Situationen, wo ein Mann ohne Krawatte unangenehm auffällt. In einer anderen Gruppe macht er sich vielleicht gerade mit seiner Krawatte zum Gespött.
Die sogenannte Körpersprache eines Menschen, Haltung, Gestik und Mimik, erfolgt meist unbewußt, wenn man nicht gerade ein spezielles Seminar absolviert hat. Der Bereich der Körpersprache ist mittlerweile wissenschaftlich untersucht worden und hat den schönen Namen Kinesik bekommen. Ein wichtiges Ergebnis der zahlreichen Untersuchungen ist, daß wir primäre Gefühle wie Haß, Furcht, Freude, Trauer anderen Menschen zeigen können, ohne jemals gelernt zu haben, wie man das macht. Andere Zeichen der Körpersprache wurden im Lauf der Zeit gelernt und hängen oft davon ab, in welchem Land jemand aufgewachsen ist. Die Distanzen etwa, die man beim Reden mit jemand anderem einnimmt, sind bei den einzelnen Völkern unterschiedlich; unser verneinendes Kopfschütteln würde in Indien als ja verstanden werden...
Samy Molcho, der große Pantomime und Erforscher der Körpersprache, äußert hierzu: „Probleme und Schwierigkeiten in der Kommunikation entstehen u.a. dadurch, daß wir davon ausgehen, alle anderen hätten dieselben Ordnungsraster wie wir. Daher das große Erstaunen vieler Menschen, wenn sie mißverstanden werden, obwohl sie sich so unmißverständlich dünken.“

Abb. 19a,b,c: Intensiv wahrnehmen
Abb. 19a: Originalfoto

Wie schwierig es ist, sich in den Gefühlszustand eines anderen Menschen einzuführen, zeigt anschaulich das von Martin Buber mitgeteilte Gespräch von Tschuang-Tse mit Hui-Tse über die Freude der Fische.“

Tschuang-Tse und Hui-Tse standen auf der Brücke, die über den Huo führt. Tschuang-Tse sagte: „Sieh, wie die Elritzen umherschnellen! Das ist die Freude der Fische.“
„Du bist kein Fisch“, sagte Hui-Tse, „wie kannst du wissen, worin die Freude der Fische besteht?“

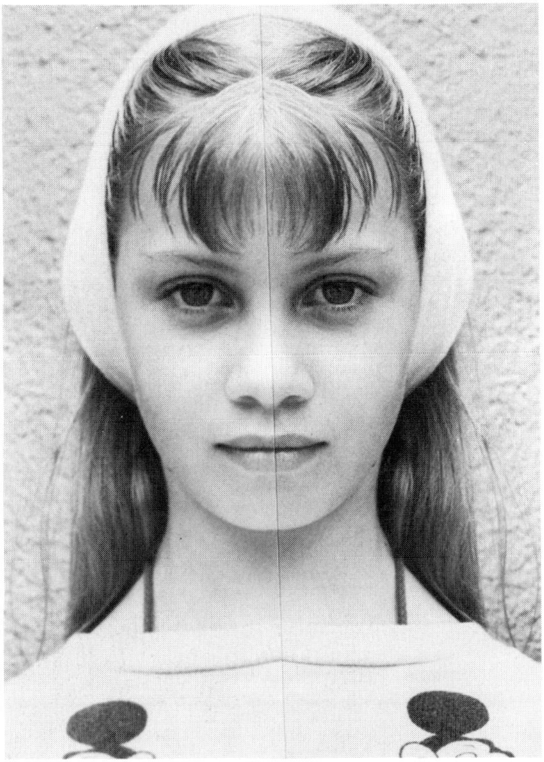

19b: rechte Hälfte „gespiegelt"

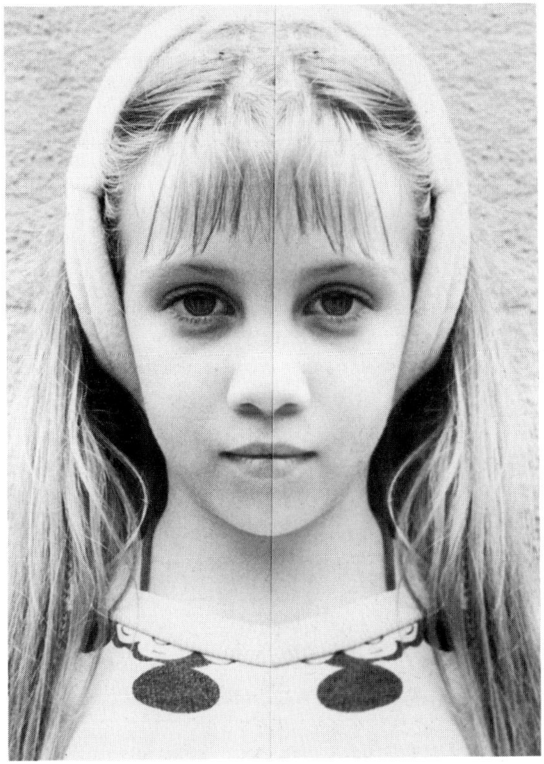

19c: linke Hälfte „gespiegelt"

„Du bist nicht ich", antwortete Tschuang-Tse, „wie kannst du wissen, daß ich nicht wisse, worin die Freude der Fische besteht?"
„Ich bin nicht du", bestätigte Hui-Tse, „und ich weiß dich nicht. Aber das weiß ich, daß du kein Fisch bist; so kannst du die Fische nicht wissen."
Tschuang-Tse antwortete: „Kehren wir zu deiner Frage zurück. Du fragst mich: 'Wie kannst du wissen, worin die Freude der Fische besteht.' Im Grunde wußtest du, daß ich weiß, und fragtest doch. Gleichviel. Ich weiß es aus meiner eigenen Freude über dem Wasser."

(Quelle unbekannt)

Zum Weiterlesen

Julius Fast: **Körpersprache,** rororo 7244

Anton Stangl: **Die Sprache des Körpers,** Knaur Sachbuch 4101

Samy Molcho: **Körpersprache der Kinder,** Mosaik Verlag, München 1992

ders.: **Körpersprache als Dialog,** Mosaik Verlag, München 1988

Nancy M. Henley: **Körperstrategien,** Fischer, Die Frau in der Gesellschaft 4716

Veränderungen

„Alles fließt" und „Man steigt nicht zweimal in denselben Fluß", heißt es bei Heraklit. – Veränderung bestimmt unser Leben. Manche Veränderung geschieht rasch wie z.B. das Verglimmen eines Streichholzes, manche dauert lange, und wir bemerken sie kaum wie z.B. das jahrzehntelange Rosten einer Stahlplatte.

Veränderungen können wir mit allen unseren Sinnen bemerken. Das Auge bemerkt u.a. Helligkeits-, Farb- und Formveränderungen. Das Ohr hört u.a. Klang-, Tempo- und Tonhöhenveränderungen. Unsere Hautsinne nehmen u.a. Temperatur- und Oberflächenveränderungen wahr, und unser Geruchs- und Geschmackssinn bemerkt Duft- und Geschmacksveränderungen.

Bei jeder Veränderung gibt es ein Vorher und ein Nachher bzw. ein Jetzt. Es gibt Veränderungen, die gehen wie von selbst vor sich wie z.B. das Wachsen einer Blume, andere werden von uns bewirkt, wenn wir z.B. ein Blatt Papier mit Farbe bestreichen.

Veränderungen werden uns in der Regel nur dann bewußt, wenn wir das Vorher in unserem Gedächtnis registriert haben und das veränderte Jetzt bewußt wahrnehmen.

Es gibt zahlreiche Beispiele, bei denen wir mit Kindern Veränderungen bewußt wahrnehmen können: Ein Kind war vorher lustig, jetzt ist es zornig. Die Stimme der Erzieherin war vorher leise, jetzt ist sie laut.

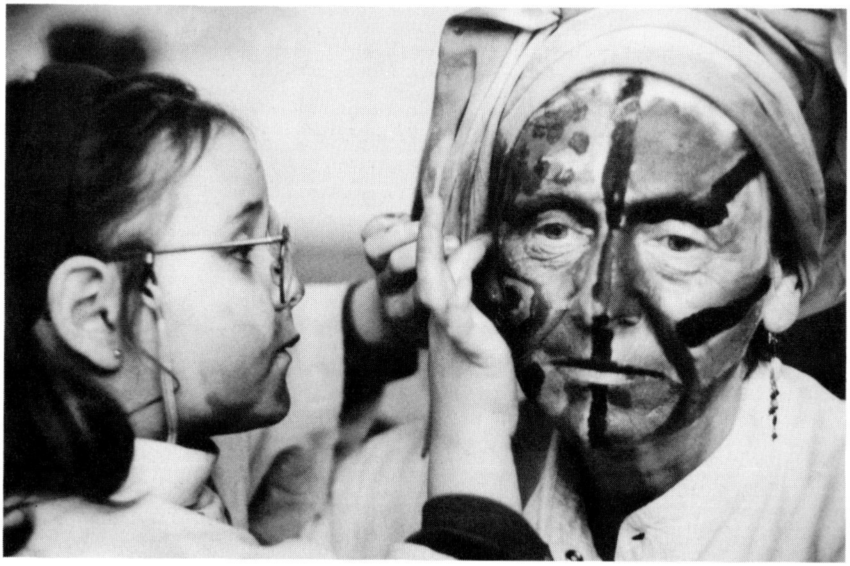

Abb. 20: Verändern durch Schminken

Abb. 21a/b: Schmerz verändert die Welt.

Bei Veränderungen im Verhaltensbereich stellen wir uns in der Regel auch die Frage nach dem „Warum" der Veränderung: Warum weint ein Kind, das vorher noch lustig und fröhlich war?
Beim Farbmischen können zahlreiche auffällige Veränderungen beobachtet werden. Es bereitet den Kindern großen Spaß, wenn sie Farben in Reagenzgläsern mischen können.
Unsere Sinne nehmen Veränderungen in der Regel besser auf als einen lang andauernden, gleichbleibenden Reiz. Ein gleichmäßig andauernder Reiz wird mit der Zeit immer schwächer empfunden, es kommt zur Adaption. Ein Bad kann z.B. beim Hineinsteigen unangenehm warm erscheinen, nach kurzer Zeit klingt jedoch die Hitzeempfindung ab. Adaptionen lassen sich für die meisten Wahrnehmungsqualitäten nachweisen, z.B. auch beim Tastsinn, der mehr Signale empfängt, wenn Fingerspitzen über eine Oberfläche streichen, als wenn sie nur auf einer Oberfläche ruhen.
Übrigens führen auch unsere Augäpfel dauernd kleine ruckartige Bewegungen aus, verschieben damit das Bild der Umwelt auf der Netzhaut und steigern so das Auflösungsvermögen des Gesichtssinnes auf ein Vielfaches. Eigentlich beruht jede Wahrnehmung auf Bewegung, Abtasten oder Scanning.
Die raschen Bildfolgen auf dem Bildschirm sind bewußt geplant, um die Aufmerksamkeit für das Geschehen im Fernseher konstant zu halten. Zu viele und zu rasche Veränderungen machen unsere Sinne allerdings müde, wir werden überreizt und sind nervös. Wir müssen daher unseren Sinnen gelegentlich Ruhepausen gönnen, indem wir z.B. eine Zeitlang die Augen schließen; bei den Ohren geht das leider nicht so einfach.

Auf einige Veränderungsvorgänge in der Umwelt sollten wir uns mit den Kindern bewußt einlassen:
Kinder erleben an sich selbst und bei anderen Veränderungen: Sie werden größer, die Stimme verändert sich, die Haut bräunt in der Sonne, der Körper wird bei Fieber heiß, die Eltern bekommen graue Haare, die Sehschärfe der Eltern läßt nach.

Kinder beobachten das Wachsen und das Absterben einer Pflanze, Wetterveränderungen, Temperaturschwankungen.

Wichtig ist auch das Bewußtsein: Wir können selbst etwas verändern: unser soziales Verhalten, unsere Umwelt, z.B. unseren Gruppenraum.

Abb. 22 a/b: Die Sichtweise auf den Kopf stellen, den Standpunkt verändern

Abb. 23: Aus Klein wird Groß durch Diaprojektion: Moos wird Wald.

Vergleichen

Das Vergleichen ist eine fundamentale Kategorie menschlichen Wahrnehmens. Durch Vergleichen erkennen wir die differenzierte Vielfalt unserer Umwelt.
Im Vergleich sehen, hören, schmecken, riechen, tasten wir die Unterschiede zwischen den Menschen, Pflanzen, Tieren und Dingen und erweitern dabei das Erfahrungsfeld unserer Sinne. Je mehr Möglichkeiten wir zum Vergleich haben, umso empfindlicher und kritischer werden unsere Sinne. Kinder, die z.B. jeden Tag nur eine Getränkesorte zum Trinken bekommen, werden nie zu einem differenzierten Geschmacksurteil über Getränke kommen. Es gibt dann in der Regel nur zwei Urteile: Es schmeckt – oder es schmeckt nicht.
In der Musik können die meisten Menschen unterschiedliche Töne nur in bezug zu einem Vergleichston erkennen. Um z.B. indische Musik entsprechend hören zu können, muß das Gehör in der Lage sein, kleinste Tonunterschiede wahrzunehmen. Es gibt Menschen, die einen Ton

auch ohne Vergleichston erkennen und bestimmen können. Man spricht dann von einem absoluten Gehör.
In der Regel hängt der Grad der Sensibilität der Sinne von den jeweiligen Erfahrungen ab, die ein Mensch in einem bestimmten Sinnesbereich erworben hat. Ein erfahrener Weinkenner schmeckt große Unterschiede bei Weinen heraus, ein Parfumier riecht wesentlich mehr Nuancen eines Parfums als ein unerfahrener Laie. Manchmal können Menschen geradezu froh sein, wenn sie nicht zu viele Unterschiede, z.B. zu anderen Interpretationen eines Musikstükkes, bemerken. Sie meinen dann oft, ein für einen Musiker unsauber klingendes Musikstück gehöre so gespielt.

Vergleichen stellt eine recht hohe geistige Anforderung für Kinder dar. Wenn wir den Kindern das Vergleichsmerkmal nennen, fällt ihnen der Vergleich relativ leicht: „Sag mir, welcher Baustein ist größer?"

Schwieriger wird es, wenn wir die Kinder Vergleichsmerkmale selbst suchen lassen: „Vergleiche die beiden Bausteine miteinander." – Jetzt kann das Kind Farbe, Form, Gewicht, Größe etc. der Bausteine miteinander vergleichen. Es könnte z.B. auch sagen: „Mir ist der rote Baustein lieber als der blaue."

Abb. 24 a/b: Spiele fürs Ohr – mit Orgelpfeifen

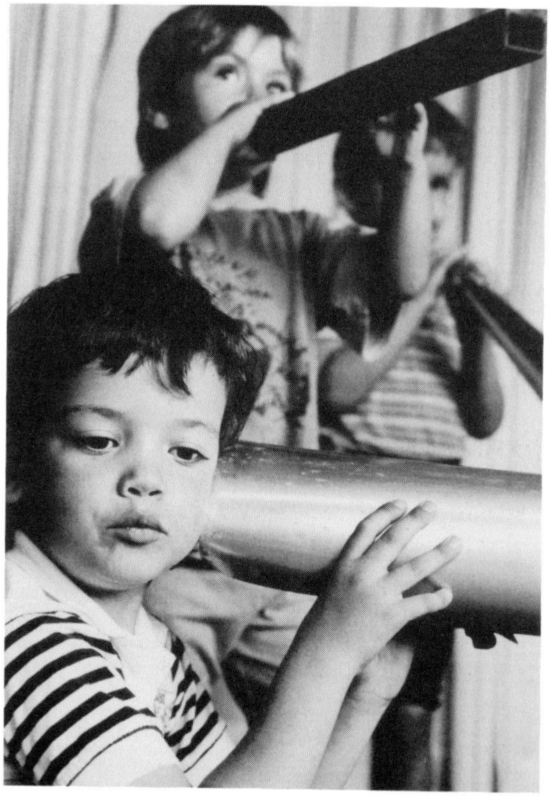

Gegensätze

Gegensätze fordern unsere Wahrnehmung heraus.
Wenn es Zwerge gibt, muß es auch Riesen geben bzw. eine „Normalgröße". Lange Wege setzen das Vorhandensein von kurzen Wegen voraus, und wenn es warme Luft gibt, muß es auch kalte Luft geben.
Je größer ein Gegensatz ist, desto leichter ist er für die Kinder feststellbar. Interessant wird es, wenn man an die Grenze des gerade noch Bemerkbaren kommt. Ab welchem Helligkeits- bzw. Dunkelheitsgrad sprechen wir von hell oder dunkel? Ab wieviel Grad sprechen wir von kalter oder warmer Temperatur?
In vielen Wahrnehmungsbereichen hat unsere Sprache eigene Wörter für den Übergang zwischen zwei gegensätzlichen Bereichen.
Den Übergang von hell nach dunkel bezeichnen wir als Dämmerung, den Übergang von warm zu kalt als lauwarm und den Übergang von weißer in schwarze Farbe als grau.
Fällt uns kein geeignetes Wort ein, verwenden wir häufig Bezeichnungen wie „normal".

Hell – dunkel

Die Frage, wann es dunkel wird, hat den bayerischen Komiker-Philosophen Karl Valentin bei einem Feuerwerk in einem Dialog mit seiner Partnerin Liesl Karlstadt bewegt:

K.V. Wann beginnt denn das Feuerwerk?
L.K. Wenn es finster wird.
K.V. Jetzt ist es aber noch lange nicht finster.
L.K. Darum wird das Feuerwerk auch jetzt noch nicht abgebrannt.
Dunkler muß es auf jeden Fall werden.
K.V. Aber wenn es heute ausnahmsweise nicht dunkel wird?
L.K. Es wird doch jeden Tag finster.
K.V. Dann könnte man doch auch jeden Tag ein Feuerwerk abbrennen.
L.K. Könnte man. Das gäbe aber keinen Sinn, dann wäre ein Feuerwerk etwas ganz Alltägliches.
K.V. Dann hätte es auch keinen Sinn, wenn's alle Tage dunkel wird.
usw.

Ja, es ist gar nicht so einfach, über hell und dunkel zu sprechen. Wir verwenden beide Wörter in unterschiedlichsten Zusammenhängen: Kinder bezeichnen hohe Töne meist als hell und tiefe als dunkel.
Wir sprechen von einem hellen Kopf, sind morgens hellwach, trinken dunkles Bier, werden von dunklen Ahnungen überfallen, werden manchmal hellhörig und unterscheiden bei Farbtönen z.B. zwischen hell- und dunkelblau.
Dazwischen gibt es viele Abstufungen, die es zu unterscheiden gilt. Es ergeben sich interessante Diskussionen mit Kindern, z.B. über die Frage: „Wo liegt die Grenze zwischen Hellrot und Dunkelrot?"
Für die einzelnen Zwischentöne gibt es eigene Namen wie z.B.
Rot: Weinrot, Ziegelrot, Blutrot... oder
Grün: Flaschengrün, Lodengrün, Türkis, Lindgrün...

Selbst „Weiß“ ist nicht gleich „Weiß“, wie man praktisch erfahren kann, wenn man in einem Malergeschäft weiße Farbe verlangt.
Es gibt da u.a.: Altweiß, Deckweiß, Elfenbein. Man muß ein sehr geübtes Auge haben, um die vielen Farbtöne unterscheiden zu können.
Mit Farbtonkarten, die in Maler- und Stoffgeschäften oder Druckereien zu erhalten sind, kann man sich mit Kindern viele Spiele ausdenken.

Warm – kalt

Das läßt mich kalt; eine Sache auf Eis legen; kühler Verstand; ein eiskalter, berechnender Mensch; kalter Kaffee; dafür kann ich mich erwärmen; die Liebe ist erkaltet; die Musik macht mich heiß...

Den Übergang zwischen warm und kalt bezeichnen wir häufig mit „lauwarm“.
Wie ungenau diese Angabe jedoch ist, zeigt der Webersche Drei-Schalen-Versuch: Drei Schüsseln stehen nebeneinander, gefüllt mit warmem, lauwarmem und kaltem Wasser. Die linke Hand taucht in das warme, die rechte in das kalte Wasser. Nach einiger Zeit tauchen beide Hände gleichzeitig in das lauwarme Wasser. Erstaunlicherweise empfindet die linke Hand das lauwarme Wasser als kalt und die rechte als warm.
Als wie warm oder kalt man das Wasser in einem Schwimmbecken oder in einem See empfindet, hängt auch zum Teil davon ab, ob man vorher geschwitzt hat oder ob man friert, bevor man ins Wasser steigt. Dabei nützt uns der Hinweis auf ein Thermometer, das 21 Grad Wassertemperatur anzeigt, gar nichts. Oberhalb von 43 Grad Celsius empfinden wir warmes Wasser als heiß und als Schmerz.

Laut – leise

Lautsprecher; Leisetreter; wer am lautesten schreit...; schreiende Farben; lauthals; heimlich, still und leise; leise weinend...

Lautstärke kann man wie Temperatur, Helligkeit oder Entfernung physikalisch messen. Wie wir die Lautstärke jedoch empfinden, hängt von sehr subjektiven Gegebenheiten ab, z.B. steigern Kopfschmerzen unsere Lautstärkeempfindlichkeit erheblich. Auch unsere Einstellung zur Schallquelle spielt eine große Rolle. Musik, die wir mögen, darf lauter sein. Ein schmetternder Tenor in der Oper erfreut uns vielleicht, während ein schreiendes Kind mit physikalisch deutlich geringerer Lautstärke womöglich stört.
Kinder können kaum verstehen, warum sie den Erwachsenen immer zu laut sind.
Verstärker machen den Zugriff zu hohen Lautstärken sehr leicht. In Diskotheken werden teilweise Phonzahlen erzeugt, die zu ernst zu nehmenden Hörschäden führen. HNO-Ärzte können davon ein Lied singen. Die Annehmlichkeiten der leisen Töne und der Stille sollten daher Kinder immer wieder bewußt erfahren.

Leicht – schwer

Das wiegt schwer; etwas leicht nehmen; schwerfällig; eine Sache hat Gewicht; die Aufgabe ist schwer – leicht; Leichtfuß; Schwermut; leichtlebig; das fällt ins Gewicht; etwas auf die Goldwaage legen; im Gleichgewicht; wichtig – unwichtig; Argumente abwägen; Schwerelosigkeit; etwas auf die leichte Schulter nehmen...

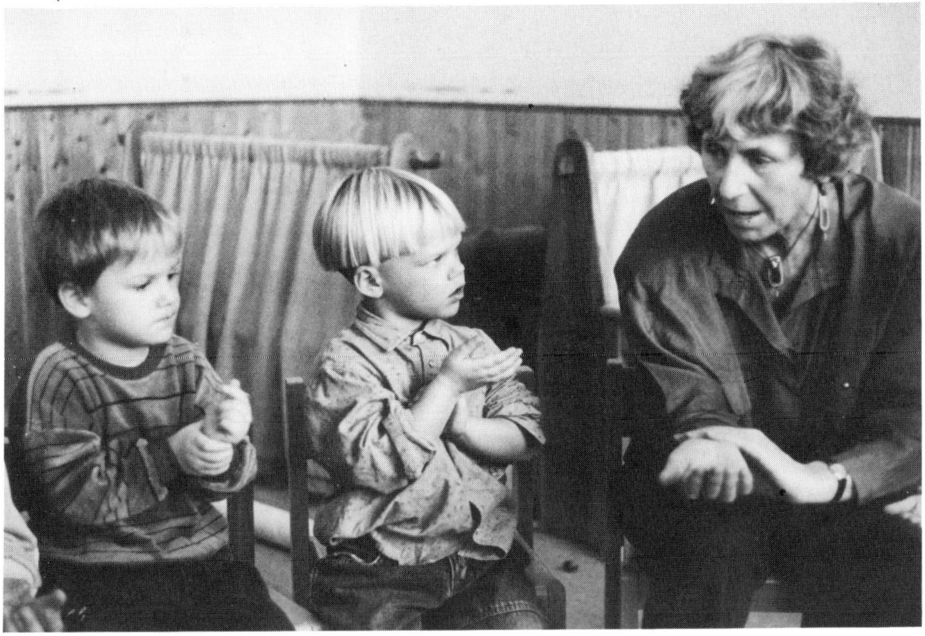

Abb. 25: Gegensätze: schnell – langsam. Den Puls fühlen vor und nach Laufspielen

Wenn wir ohne Waage Gewichte schätzen, gehen wir von unserem eigenen Körperempfinden aus. Ein Kind empfindet vielleicht einen Stein als schwer, den ein Erwachsener als leicht bezeichnet. Wenn wir auf jeder Handfläche z.B. ein Säckchen voll Sand halten, können wir relativ feine Gewichtsunterschiede bzw. gleiche Gewichte feststellen.

Beeindruckend für Kinder sind die Extrembereiche von Gewichten: leicht wie eine Feder und schwer wie Blei.

Erstaunlich, daß sogar ein i-Punkt Gewicht hat. Philip und Phylis Morrison berichten in ihrem Buch „Das Geheimnis unserer Wahrnehmung" vom Wiegen eines i-Punkts auf einer Ultramikrowaage, die Gewichtsunterschiede bis zu einem Zehntel-Mikrogramm erfassen kann (1 Mikrogramm – 1 Millionstel Gramm).

Der i-Punkt wog 162 Mikrogramm. Demnach ist ein beschriebenes Blatt Papier tatsächlich schwerer als ein unbeschriebenes. Daher können wir den Satz „seine Unterschrift hat Gewicht" durchaus auch wörtlich nehmen.

„Wichtig" ist natürlich das eigene Körpergewicht, das wir schließlich täglich mit uns herumtragen müssen. Bei Wasserspielen machen die Kinder vielfältige Gewichtserfahrungen. Sie beladen Schiffe, bis sie sinken, sie spüren den Auftrieb je nachdem, welchen Gegenstand sie unter Wasser drücken, und sie spüren, wie ihr eigenes Gewicht im Wasser plötzlich leichter erscheint. Deutlich wird der Unterschied, wenn

man an der Sprossenwand hängend versucht, beide Beine anzuheben und die gleiche Übung im Wasser an der Badeleiter macht.
Wie sehr wir uns vom Auge leiten lassen, wird auch deutlich, wenn wir das Gewicht eines großen Styroporwürfels schätzen sollen, der durch Bemalung oder Verkleidung „verfremdet" ist.

Nah – fern

Wie weit muß ich denn noch gehen? – Kinder beurteilen nah und weit vor allem nach der Zeit, die sie brauchen, um ein bestimmtes Ziel zu erreichen. Hier wird besonders deutlich, wie unterschiedlich und subjektiv die Grenze zwischen nah und fern beurteilt wird: Jemand, der einen Weg sehr anregend findet, wird die Zeit, die er dafür braucht, als relativ kurz empfinden und daher von einem nahen Ziel sprechen. Jemand, der sich in schlechter Gehverfassung befindet, z.B. Blasen an den Füßen hat, wird jedes Ziel als weit empfinden. Wie subjektiv Entfernungsangaben sind, erfährt man häufig, wenn man jemand nach dem Weg zu einem bestimmten Ziel fragt (besonders im Gebirge).

Grenzen

Grenzen der Wahrnehmungsfähigkeit; Schallgrenze; begrenzte Auffassungsgabe; Grenze eines Grundstücks, eines Landes; Grenzen der Geduld; Schmerzgrenze; Toleranzgrenze; Reviergrenze; Grenzgänger; Spielfeldgrenzen; scharf abgrenzen; grenzenlos; Grenzen der Vernunft; unsichtbare – sichtbare Grenzen...

Julius Fast berichtet in seinem Buch „Körpersprache" ein interessantes „Grenzerlebnis", das er provoziert hatte: Er saß mit seiner Frau in einem Restaurant an einem Tisch einem fremden Mann gegenüber. Langsam und wie unabsichtlich schob Fast eine Weinflasche in die Nähe des ihm gegenübersitzenden Mannes. Unruhig rutschte dieser daraufhin auf seinem Stuhl hin und her, bewegte sich zur Seite, stellte seinen Teller woanders hin und schob plötzlich mit einer abrupten Bewegung, fast unter Zwang, die Weinflasche zurück. Eine unsichtbare Reviergrenze war offenbar mit der Weinflasche überschritten worden, und der Betroffene hielt dies nicht aus.
Schulkinder grenzen oft ihren Teil der Bank oder des Tisches mit Bleistiften, Radiergummis u.ä. ab und achten sehr darauf, daß der Nachbar mit seinem Ellbogen die Grenze nicht überschreitet. Auch wir Erwachsenen haben oft ähnliche Probleme, wenn wir im Theater mit unserem Nachbarn eine Armlehne teilen müssen. Wo ist die Grenze unseres Teils der Armlehne, wo beginnt der Teil des Nachbarn? Oft wird das Problem mit Kraft gelöst: Der „Stärkere" beansprucht einfach die gesamte Armlehne für sich.
Es gibt Grenzen, die nicht so einfach überschritten werden können, z.B. der Zaun um das Kindergartenfreigelände. Es gibt auch Grenzen, die nur optisch da sind, etwa auf den Boden gemalte Spielfeldgrenzen. In den Großstädten tei-

Die Erde wird enger

Die Grafik zeigt die Entwicklungsschritte der Bevölkerung der Erde bis heute und den jeweiligen statistischen Raum pro Mensch.

Amerikanische und britische Wissenschaftler haben erklärt, daß auch bei einem kontrollierten Wachstum der Weltbevölkerung bleibende Umweltschäden nicht zu vermeiden sind. Eines der größten Umwelt-Probleme ist das rasante Wachstum der Weltbevölkerung. Mit jedem Menschen mehr auf der Erde wird die Fläche unberührter Natur kleiner. Noch vor 40 Jahren stand statistisch gesehen jedem Erdenbürger eine Fläche von 609 Quadratmetern zur Verfügung, heute sind es nur noch 272 Quadratmeter. Wenigstens das Problembewußtsein wächst, wie z.B. die UN-Weltbevölkerungs-Konferenz in Kairo (1994) gezeigt hat.
(Daten nach Reuter)

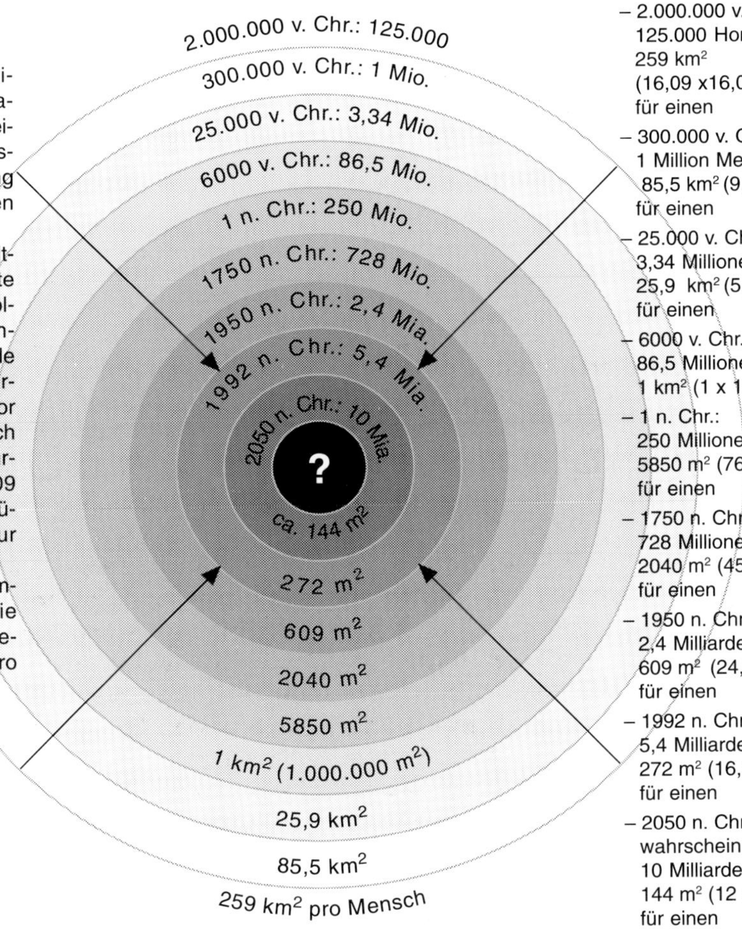

Abb. 26

Die Daten im Überblick

- 2.000.000 v. Chr.: 125.000 Hominiden, 259 km² (16,09 x16,09 km) für einen
- 300.000 v. Chr.: 1 Million Menschen, 85,5 km² (9,25 x 9,25 km) für einen
- 25.000 v. Chr.: 3,34 Millionen Menschen, 25,9 km² (5,08 x 5,08 km) für einen
- 6000 v. Chr.: 86,5 Millionen Menschen, 1 km² (1 x 1 km) für einen
- 1 n. Chr.: 250 Millionen Menschen, 5850 m² (76,4 x 76,4 m) für einen
- 1750 n. Chr.: 728 Millionen Menschen, 2040 m² (45 x 45 m) für einen
- 1950 n. Chr.: 2,4 Milliarden Menschen, 609 m² (24,6 x 24,6 m) für einen
- 1992 n. Chr.: 5,4 Milliarden Menschen, 272 m² (16,5 x 16,5 m) für einen
- 2050 n. Chr.: wahrscheinlich 10 Milliarden Menschen, 144 m² (12 x 12 m) für einen

len Radfahrer häufig den Gehweg, der nur durch einen Strich getrennt ist, mit Fußgängern. In der Verkehrserziehung reicht es daher nicht mehr aus, den Kindern die Bordsteinkante als tastbare Grenze des Sicherheitsbereiches für Fußgänger zu erklären.
Optische Grenzen erfahren die Kinder auch in der Schule: auf die Zeile schreiben, nicht über den Rand schreiben. Viele Kinder haben übrigens große Schwierigkeiten, sich mit ihrer Schrift zwischen den genormten Zeilenabständen zu bewegen.
Eine interessante Grenzerfahrung machen wir, wenn wir einen Finger oder unser Gesicht in kaltes Wasser tauchen. Die Oberfläche des Wassers ist wie eine schneidende Grenze. Als schneidend wird die Grenze empfunden, weil die Wärmegrade von Luft und Wasser unterschiedlich sind. An der Grenze – der Wasseroberfläche – steigern sich die unterschiedlichen Empfindlichkeiten warm-kalt zum äußersten Gegensatz, so daß der Eindruck des Zerschnittenwerdens entsteht.
Im Märchen spielen Grenzüberschreitungen oft eine Rolle, z.B. beim Übergang von der Real- in eine Fantasiewelt: In der Geschichte „Alice hinter den Spiegeln“ von Lewis Caroll geht Alice durch einen Spiegel in eine Fantasiewelt, in der alles spiegelverkehrt ist.

Zum Weiterlesen

Lewis Caroll: **Alice hinter den Spiegeln,** Insel TB 97

Julius Fast: **Körpersprache,** rororo 7244

Musik sehen – Bilder hören

„Was die Musik so rätselhaft schön macht, wirkt auch in der Malerei bezaubernd“ (August Macke).
„Die Farbe wird für den Maler, was der Ton für den Musiker ist“ (Henri Valensi).
„Die Eigenschaft des Gelben, welches große Neigung zu höheren Tönen hat, kann zu einer dem Auge und dem Gemüt unerträglichen Kraft und Höhe gebracht werden. Bei dieser Erhöhung klingt es wie eine immer lauter geblasene scharfe Trompete oder ein in die Höhe gebrachter Fanfarenton“ (Wassily Kandinsky).
„Die polyphone Malerei ist der Musik dadurch überlegen, als das Zeitliche hier mehr ein Räumliches ist“ (Paul Klee).
„Gemälde sind eine in den Augen empfundene Musik“ (Paul Cézanne).

Viele Bilder von Paul Klee tragen musikalische Namen wie „Lied des Spottvogels“, „Arabische Melodie“, „Orgelklänge, Choral und Landschaft“. Ebenso haben auch Bilder von Wassily Kandinsky musikalische Titel wie Trauermarsch, Konzert, Klänge; Henri Matisse war vom Jazz so

Abb. 27: Malen
nach Musik

inspiriert, daß er gleich eine ganze Serie von Bildern zu diesem Thema machte. Das populärste Beispiel für die Umsetzung von klassischer Musik in Bilder dürfte wohl Walt Disneys Film Fantasia sein, der mittlerweile überall als Videocassette erhältlich ist. Dieser Film findet auch bei Kindern großen Anklang.
Unwahrscheinlich hoch ist die Zahl von Komponisten, die ihre Anregungen für Kompositionen aus dem Bereich der bildenden Kunst holten. Hier können nur wenige Beispiele genannt werden:
Ottorino Respighi komponierte nach Bildern von Botticelli, Sergej Rachmaninov und Max Reger ließen sich von Bildern von Arnold Böcklin inspirieren, Johann Strauß illustrierte Franz von Defreggers Bild „Auf dem Tanzboden" musikalisch. Nicht zu vergessen natürlich die berühmten „Bilder einer Ausstellung" von Modest Mussorgsky. Alexander Skrjabin versuchte Farbe und Musik zu kombinieren. In seiner Symphonie „Prometheus" ist ein Farbklavier vorgesehen, über das entsprechende Farben zur Musik projiziert werden sollen.
Eine Verbindung von Musik und Bild wird u.a. auch in der Sprache deutlich: Wir sprechen z.B. von dunklen und hellen Tönen und lauten und leisen Farbtönen. Kandinsky vergleicht Gelb mit scharfen Trompetentönen, und ein Kritiker beschrieb ein Konzert mit „Feuerwerk der Farben".

Wenn wir mit Kindern nach Musik malen, müssen wir zwei Arten unterscheiden:

Rhythmisches Zeichnen und
Malen eines Gesamteindruckes einer Musik.

Nach entsprechend rhythmischer Musik gleitet der Stift oft wie von selbst über das Papier. Um einen Gesamteindruck zu malen, muß man sich zunächst in ein Musikstück hineinhören, ehe man zu malen beginnt. Der Pinsel wird hier nicht direkt vom Rhythmus der Musik geführt.
Bei beiden Arten des Zeichnens bzw. Malens nach Musik entstehen in der Regel sehr individuelle Bilder, wovon jedes seine eigene Handschrift trägt. Es gibt hier kein falsch oder richtig – jeder malt so, wie er es empfindet.
Im Fernsehen oder im Kino merken wir, wie stark wir uns durch eine entsprechende Musik zum Bild manipulieren lassen. Wird z.B. zu einem an sich harmlosen Bild einer schönen Landschaft eine schaurige, spannende Musik gespielt, erwarten wir, daß im nächsten Moment etwas Schreckliches geschehen muß.
Kinder neigen dazu, tiefen Tönen dunkle Farben und hohen Tönen helle Farben zuzuordnen.
Der Komponist Olivier Messiaen berichtet von sich über ausgesprochen synästhetische Erlebnisse, d.h., er verband Töne bzw. Tonskalen mit bestimmten Farben. In einem Interview sagte er einmal: „Ohne daß man dieselben Farben sehen muß wie ich, glaube ich, daß man, wenn man meine Musik hört, eine Farbempfindung haben muß."
An einer anderen Stelle des Interviews schwärmte Messiaen von Claude Debussy: „Er liebt jedoch die zarten Farben, die der untergehenden Sonne, des hereinbrechenden Abends, der Reflexe im Wasser, Farben des Meeres, nicht die starken Farben."
Den Zusammenhang zwischen Malerei und Musik kann man kaum anschaulicher schildern, als es Messiaen in dem genannten Interview getan hat.

Abb. 28: Zeichnen mit Kohlestiften nach rhythmischer Musik

Abb. 29: Beidhändiges Malen, hier zu Glenn Millers „In the mood“

Abb. 30: Ganzheitliches Malen zur Musik befreit und macht Spaß.

Zum Weiterlesen

Vom Klang der Bilder: Katalog zu einer Ausstellung der Staatsgalerie Stuttgart, Prestel Verlag, München 1985

Helga de la Motte-Haber: **Musik und bildende Kunst,** Laaber-Verlag, Laaber

Hans Sündermann und Berta Ernst: **Klang - Farbe - Gebärde.** Musikalische Graphik, Schroll, München/ Wien 1981

Paul Klee und die Musik: Katalog zu einer Ausstellung der Kunsthalle Frankfurt, Schirn

Rudolf Seitz: **Mit Musik und Zeichenstift,** Zeitschrift Welt des Kindes, Kösel Verlag

Abb. 31: Das Kleinkind nimmt mit allen Sinnen intensiv wahr.

Margarete von Löwensprung

Klangfiguren

Klangfiguren sind Musik, Kunst und Naturwissenschaft in einem: Hören mit den Augen, Spielen mit Schwingungen, Formen und Farben, Erkennen von Zusammenhängen zwischen Musik und Natur. Sie sind auch ein neuer Zugang zur eigenen Stimme, zu Tönen und Musik, auch im Sprachheil- und Gehörlosenbereich.
Schwingungen und Wellen faszinieren immer wieder: Wellenkreise in einer ruhigen Wasserfläche, Wellenformen, die der Wind in den Sand oder in die Wolken gezeichnet hat, Strömungsformen des Wassers an Hindernissen.
Die Erforschung von Schwingungsphänomenen hat eine lange Geschichte. In China gab es im 5. Jahrhundert vor unserer Zeitrechnung Springbecken aus Bronze, die durch Reiben so stark in Schwingung versetzt wurden, daß eine Fontaine hochspritzte. In der Antike entwickelten die Pythagoräer ein nach den Prinzipien des Hörens erfahrbares Weltbild. Ernst Florens Friedrich Chladni entdeckte im 18. Jahrhundert die nach ihm benannten Klangfiguren. Im 20. Jahrhundert prägte der Forscher Hans Jenny den Begriff „Kymatik", abgeleitet von dem griechischen Wort kyma für Welle.
Kymatik beschäftigt sich mit Wellenphänomenen, untersucht Formen der Natur, die durch Schwingungsvorgänge begründet sind, und entwickelt Verfahren zur Umsetzung hörbarer Schwingungen in sichtbare.
Ein einfaches Experiment zeigt, was wir als „Schwingungsbild" bezeichnen: Eine am Mittelpunkt befestigte und mit Sand bestreute Platte wird am Rand mit einem Bogen angestrichen, so daß ein Ton zu hören ist. Dabei wird der Sand von den stark schwingenden Feldern weggeschleudert und bleibt an den ruhenden Knotenlinien liegen. So entsteht eine Klangfigur. Diese Figur bleibt erhalten, solange der Ton klingt, verändert sich, sobald ein anderer Ton erzeugt wird, und kehrt zurück, sobald wieder der erste Ton gespielt wird. Klangfiguren bilden nicht nur die Tonhöhe ab, auch Charakteristik und Lautstärke der Töne werden sichtbar.
Schwingungsbilder können auch mit der Stimme erzeugt werden. Dafür entwickelte ich ein Tonoskop, das ganz sensibel auf gesungene Töne reagiert und eine Vielzahl von Klangfiguren abbildet. Kinder haben großen Spaß am „Hören mit den Augen" und lassen sich durch die Vielfalt der Muster anregen, phantasievoll und frei mit ihrer Stimme zu spielen. Es gibt viele Möglichkeiten der Sinneserfahrung mit Klangfiguren, sowohl für Hörende, die ihre Stimme kennenlernen und stabilisieren wollen, wie auch für die, deren Hörsinn eingeschränkt ist. Gehörlose können anhand der Klangfiguren Töne nachahmen und Freude am Singen entwickeln.
Um Klangfiguren zu erzeugen, experimentierte ich mit vielen Medien, z. B. Sand, Flüssigkeiten, Farben. Dabei zeigt sich ein faszinierender Formenreichtum. Interessante Zahlensymmetrien und fraktale Strukturen treten auf, Chaos und Ordnung wechseln ab.

Abb. 32 a/b: Klangfiguren. Links: Klangfigur, auf dem Tonoskop mit der Stimme erzeugt. – Rechts: Chladni'sche Klangfigur, mit dem Bogen erzeugt.

Klangfiguren zeigen eine verblüffende Ähnlichkeit mit Formen in der Natur, z. B. Schwingungsverhältnissen in Atomen, Formen einzelliger Lebewesen, Anordnungen von Blättern, Stengeln und Blüten, dem Bau von Skeletten, Sechsekken der Schneekristalle oder Bienenwaben, Wachstumsgesetzen der Kristalle. Das sind nur wenige Beispiele. Auch die Bewegungen der Gestirne zeigen harmonikale Gesetzmäßigkeiten. Dies legt nahe, die Welt als Schwingungszustand, als „musikalisches Ereignis“ zu begreifen.

Zum Weiterlesen

Margarete von Löwensprung: **Kymatik – Schwingungsbilder.** Fotografie: Christa Pilger-Feiler, München 1989. Erhältlich bei: Freies Musikzentrum München e.V. oder bei:
Margarete von Löwensprung, Partenhauserweg 10, 81369 München

Bruno Wendnagel

Eine Klangwand

Verklingende Töne und feste Wände sind eigentlich Gegensätze. Wir können sie nur mit unterschiedlichen Sinnesorganen wahrnehmen. Trotzdem brauchen wir nur eine Phantasieschwelle zu überschreiten, und es entsteht aus einander fremden Eindrücken ein faszinierendes Ganzes. So kennen wir z.B. den Geschmacksreiz von bitter und süß bei Getränken oder den Reiz des Gleichgewichtssinnes bei der Schiffsschaukel durch das Empfinden von Schwere und Schweben.
Der berühmte venezolanische Bildhauer und Grafiker De Sotó hat einmal den Vorplatz des Musée Moderne in Paris mit Abertausenden von herabhängenden Perlonfäden überspannt, um den Besuchern den Eindruck von Regen, Nebel und begehbarem Unterwasserraum – zu Gestalt geworden und verformbar – zu vermitteln.
Diese Idee könnte uns anregen zum Bau einer Klangwand.
Nötig dafür ist ein Rahmengestell aus zusammengeschraubten Dachleisten, z.B. 2,50 m hoch und 3 m breit (siehe Skizze); am Ende sieht es aus wie eine Art Wäscheständer.
Mit Spaxschrauben und einer Bohrmaschine mit Schraubeinsatz geht es ganz schnell.

Benötigt:

Spax-Schrauben 4 x 50,
Dachleisten 35 x 50 mm: 5 x 3 m, 3 x 2,5 m, 5 x 1 m, 2 x 1,5 m,
Sisalschnur 50 m, Tacker, Bohrmaschine, Nietzange, Zange, Vorstecher.

Statt der unteren Stützen kann man das Gestell auch mit Winkeln an der Wand befestigen.
Als nächstes verspannen wir kreuz und quer Sisalschnüre über das Gebilde – ein Tacker soll uns dabei helfen. Sind genügend „Spinnfäden“ verteilt, können wir die Klangkörper einbauen und aufhängen.

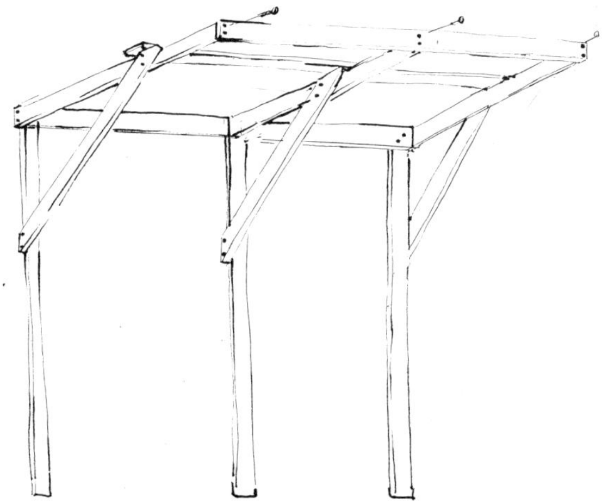

Um möglichst freigestaltete und phantasievolle Klangkörper herzustellen, empfiehlt sich eine Ideensammlung:
Bei einem Wortspiel sammeln wir auf Papierstreifen alle Wörter, die uns beim Zuruf: „Wir hören alles, was ... klingt, brummt, klingelt etc.“, einfallen.

Abb. 33/34: Improvisierte Klangwand am klappbaren Wäscheständer. Klangwände und Klanghäuser mit Alltagsgegenständen als Instrumenten sind herrliche Werk- und Spielobjekte.

Die Papierstreifen werden an beliebigen Stellen aufgehängt und später durch eine Vorrichtung ersetzt, die eben klingt, rattert o.ä.

Der Bau von Klangkörpern

Ideal zum Bauen sind Wegwerfgegenstände, um recht frei gestalten zu können: z.B. leere Getränkedosen, mit Reis, Erbsen oder Steinchen gefüllt – alte zusammengebundene Küchenutensilien – kleine Filmdöschen, mit geheimnisvollen Gegenständen gefüllt, mit einem Loch versehen und zu einer Kette aufgehängt – ein Kronkorkenvorhang – alle möglichen Fahrradteile, einzeln aufgehängt – Donnerbleche aus alten Keksdosen – Einmachgläser, mit Schrauben und Nägeln gefüllt – Waschmitteltrommeln – Raschelpapierfahnen – verschieden lange Plastikrohre mit unterschiedlichem Durchmesser – Blumentöpfe, die jeweils mit einem Knebel auf einer Schnur als Glokkenstrang aufgereiht werden.

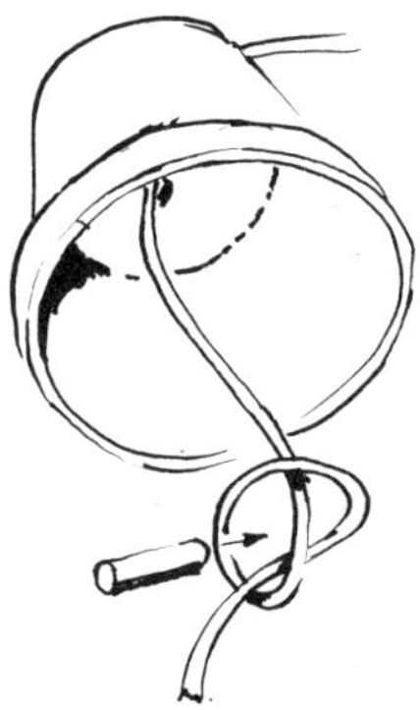

Die Gegenstände lassen sich meist ohne Schwierigkeiten mit einem Loch versehen und dann mit einer Schnur aufhängen oder an den Dachleisten befestigen.
Das Erfinden immer neuer Klangkörper steigert sich mit jedem Gegenstand, der am Gestell befestigt wird, bis zuletzt alles ganz dicht nebeneinander hängt und keine Papierstreifen mehr durch tönende Gegenstände ersetzt werden müssen.

Wahrnehmungsspiele

Natürlich wird jeder Experimentator alle Klangbeispiele erproben wollen, um zu seinem Lieblingsklang vorzustoßen.
Ein Dreiklang aus drei Beispielen wäre einen Versuch wert.
Ein Vorschlag wäre auch, mit verbundenen Augen möglichst alle Klangbeispiele zum Tönen zu bringen oder eine Klangbotschaft zu formulieren und jemanden zu bitten, die Botschaft zurückzusenden – wie bei Buschtrommeln im Urwald.
Sind die Gegenstände fest aufgehängt und möglichst unzerbrechlich, könnte man auch mit Softbällen aus der Distanz Klänge erzeugen, d.h. Töne von der Wand „abprallen“ lassen.
Faszinierend ist auch eine Verkleidung aus Tüchern, Wellpappe oder Packpapier – entsprechend bemalt –, bei der man nur durch eine kleine Öffnung mit einem Stöckchen die Gegenstände anschlagen und zum Tönen bringen kann, eine sogenannte „blackbox“.
Eine solche Klangwand im Flur oder Treppenhaus wird immer Kinder einladen, beim Vorbeigehen Töne zu erzeugen, ähnlich dem Rattern mit dem Stöckchen am Gartenzaun.

Zum Weiterlesen

Friedrich Reinhardt: **Spiele mit Klängen.** Anleitungen für Kindergarten und Grundschule, Don Bosco Verlag, München 1983

Rudolf Seitz

Kinder und Kunst

„Wenn jemand ein Kunstwerk ansieht, kann er immer nur mit seinen Augen, mit seinem Hirn, mit seinem bisherigen Leben hinschauen..."

Mac Zimmermann

Das äußerte der große Surrealist, als ich ihm Malereien von Kindern zeigte, die sie anfertigten, nachdem sie eine Graphik von ihm gesehen hatten. Er waren sehr dichte, aber eben kindliche Dokumente von Seherlebnissen. Ich hatte ihn gefragt, ob es für ihn schwierig sei, die Arbeiten zu akzeptieren, die doch so „ganz anders" aussähen als seine Graphik. Ihn begeisterten die Kindermalereien, ihre Intensität, Konsequenz und die ablesbare Stellungnahme. Er meinte, daß viele dieser Arbeiten viel näher an dem von ihm Gemeinten seien als manche noch so intellektuelle Interpretation. Man bleibe gleichsam in derselben Ebene: Bild zu Bild.
Es gibt viele Wege, Kinder und Kunst zusammenzuführen, und ich halte sie alle für notwendig und die meisten auch für wirkungsvoll, wenn wir über die Sehimpulse hinaus Anregungen zum Fragen und zum Nachdenken geben.
Wenn wir bei einem Bild verweilen, wird es immer nötig sein, sich Zeit zu lassen, stille zu werden, zu warten und das Kunstwerk „kommen" zu lassen.
Unsere Kinder haben es – wie auch wir Erwachsene - inmitten der Reizüberflutung verlernt, wirklich bei einem Bild zu bleiben, zu verweilen, ohne es sofort zu benennen und mit einem Etikett in eine Schublade zu schieben.
Dann kann das Erlebte zu Gesprächen und Überlegungen führen, zu gestischen Darstellungen, zu Übersetzungen auf eine musikalische Analogie oder eben zu eigenen Gestaltungen.
Der umgekehrte Weg ist aber auch denkbar und möglich: eigenes Erleben, Erfahrungen oder auch Gestaltungen als Grundlage für das Verständnis der verdichteten Wirklichkeit in den Kunstwerken.

An einer möglichen Begegnung von Kindern mit der Bildwelt von Joan Miró möchte ich deutlich machen, was ich damit meine.
Kinder lieben diesen Maler, seine ihnen so bekannte Bildwelt, die Symbolformen, die klare und heitere Farbigkeit. Paul Wember zitiert in seinem Inselbuch über Miró den Brief eines achtjährigen Jungen: „Lieber Herr Miró! Sie sind mein allerliebster Maler, und Sie malen so lustig" ... Dann schildert der Junge, wie das Männchen auf dem Bild neben seinem Bett ihn einlädt: „Komm zu mir in meinen Garten! Ich habe den roten Mond und die schwarzen Sterne zum Spielen." Der Junge schließt: „...ich freue mich immer über Ihre Bilder. Godi."
So und ähnlich reagieren fast alle Kinder auf Miró. Wenn man anfängt, einzelne Motive zu verfolgen, wird es schnell spannend. Besonders aufregend finde ich z.B. den roten Kreis. Einmal ist er die rote Sonne, dann wird er zum Auge oder zum großen, dicken Bauch eines Tieres, dann ist er der Mond für das kleine Mädchen oder die kleine Katze. Ein anderes Mal ist er ein

Abb. 35: Kinder begegnen Kunst: ein lebendiger Prozeß

Kopf, über den ein Vogel fliegt, oder ein Spiegel, eine Frau, eine große runde Blüte in tropischer Vegetation, oder...

Schon dies zu verfolgen und zu entdecken, wäre ein optisches und poetisches Erlebnis.

Die Abenteuer, die ein roter Kreis erleben kann, sind aber auch für sich schon Anlaß für eine ausführliche Malgeschichte – bevor Bilder von Miró betrachtet werden. Ich habe sie oft mit Kindern gemalt. Meist mußte ich nur die ersten Stationen vorschlagen, dann brach eine kleine „Epidemie roter Flecken" aus.

Beispiele:

– Der rote Kreis lebt in einer ganz ungewöhnlichen Umgebung (andere Farben, andere Formen).
– Der rote Kreis hat sich schön verziert, weil er seine Freundin treffen will.

– Der rote Kreis ist ins Wasser gefallen.
– Der rote Kreis geht durch Nacht und Sturm...
In kurzer Zeit haben sich die Kinder schöne Bücher vom roten Kreis oder vom roten Fleck gemalt, auf die sie sehr stolz waren.
Und dann die Begegnung mit dem „Collagen-Miró“. Als Sachverständige überlegen sie mit ihm, was der rote Kreis hier alles erlebt, wem er begegnet, wo er sich versteckt.
Der rote Kreis wird zum befreundeten Komplizen, dem man zuzwinkert und den man natürlich versteht. Und damit, wie ich meine, auch ein wenig den Maler. Ich glaube, er hätte denselben Spaß wie Mac Zimmermann. Durch die Vorarbeit haben die Kinder aber auch ein wenig die Augen von Miró bekommen.

Zum Weiterlesen

Cordula M. Pertler: **Kinder erleben große Maler.** Modelle für Erzieher, Lehrer und Eltern, Don Bosco Verlag, München 1992

Rudolf Seitz

Der springende Punkt

Ein weißes Blatt Papier ist ein weißes Blatt Papier. Allerdings unter Umständen ein sehr weißes und vor allem ein sehr leeres. Noch ist alles offen und möglich.
Ist es das tatsächlich? Legen wir es im Hochformat oder im Querformat? Wenn wir längsseitig einen Zentimeter abschneiden, ist es dann immer noch das gleiche weiße Papier, oder was hat sich geändert? Ist es nervöser geworden oder ruhiger? Steiler, schmalbrüstiger?
Wo ist eigentlich der Mittelpunkt des Blattes? Das ist babyleicht, würde meine kleine Tochter sagen. Wir ziehen je eine Linie von einer Ecke zur gegenüberliegenden. Der Schnittpunkt der Diagonalen muß der Mittelpunkt des Blattes sein. Daran ist ja wohl nicht zu rütteln.
Siegessicher betrachten wir das Blatt. Mathematisch haben wir den Mittelpunkt festgelegt. Optisch auch? Wir legen ein zweites Blatt auf das erste und kennzeichnen den Mittelpunkt, wie er sich vom unteren Blatt her ergibt.
Es ist wie verzaubert: der Mittelpunkt ist gar nicht der Mittelpunkt. Er liegt zu tief und zu weit links. Auf einem neuen Blatt legen wir ein kleines rundes Plättchen, wie es der Papierlocher erzeugt, genau auf die Stelle, die wir für den Mittelpunkt halten. Endlich liegt er richtig.
Jetzt legen wir das Blatt mit den Diagonalen darauf und zeichnen den Mittelpunkt, den wir eben „festgelegt“ haben, durch.
Es ist wie verhext. Er liegt etwas rechts und etwas oberhalb des mathematisch exakten Mittel-

punktes. Offenbar sehen unsere Augen auf dem Blatt eine andere Struktur, als sie sich mit dem Lineal ergibt.

Das kann noch viel verwirrender werden: Wir stellen uns vor, wir würden das Blatt in vier Rechtecke zerlegen, indem wir von der Mitte jeder Seite eine unsichtbare Linie zur Mitte der gegenüberliegenden ziehen.
Nun legen wir unseren Punkt in die linke obere Fläche. Liegt der Punkt richtig? Keineswegs! Wenn er könnte, würde er sich von selbst von der Stelle bewegen, nach rechts und leicht abwärts. Links unten würde er steigen, rechts unten noch mehr. Rechts oben würde er sich zumindest nach rechts bewegen. An keiner Stelle würde der Punkt bleiben wollen, ausgenommen im Mittelpunkt (dem für das Auge). Nirgends würde er sich ruhig halten.
Die Richtungen würden sich nicht ändern, wenn ich verschiedene Farben (rot, gelb, blau) verwenden würde, aber das Temperament.
Kaum käme ein zweiter Punkt ins Spiel, wäre wieder alles anders. Oder ein kleiner Bildbalken, oder ein Bogen.
Wer sich so auf das weiße, leere, scheinbar so ruhige Blatt Papier einläßt, wird bald erleben, daß er sich hier auf einem vulkanischen Grund bewegt, nie erdbebensicher.
Es ist das Feld, auf dem Künstler komponieren, ihre Einfälle einspannen, bis sie stimmen. Jeder Künstler weiß, wie schnell Bilder einseitig überlastig werden können, wie schnell sie kippen. Man spürt sofort die Spannungen, Richtungen und Bewegungsverschiebungen, wenn man einmal ein Dia seitenverkehrt projiziert, dann wieder richtig. Nichts stimmt mehr. Die Inhalte bekommen neue Bedeutungen. Kinder spüren das auch.
Bilder des Malers Wassily Kandinsky werden sehr aufregend, wenn man vorher erlebt hat, daß ein leeres weißes Blatt alles andere als ein leeres weißes Blatt ist. Es ist voller Tücken und Fallen, aber ein herrliches Spielfeld.

Maria Caiati

Stehen wie eine Statue

Ganz spontan, weil nur 13 Kinder anwesend sind, ziehen wir los, um in das Zentralinstitut für Kunstgeschichte zu gehen. Die Kinder sind schnelle Entschlüsse gewöhnt und immer dabei, wenn der „Alltag“ unterbrochen wird. Zur Vorbereitung sind nur ein paar Sätze nötig: „Wir gehen in ein Haus, in dem es viele Figuren aus Gips und Bronze gibt. Ich weiß nicht, ob diese Figuren angezogen oder nackt sind.“ Dieser Satz löst bei den Kindern schmunzelnde, kichernde Grimassen aus.
Die Fahrt mit der U-Bahn ist nichts Ungewöhnliches, der Weg zur Meiserstraße in München kurz, die Spannung auf die unbekannten Figuren wächst.
Im Institut ist es sehr warm und etwas stickig. Es gibt keine Garderobe für uns, wir legen die Jakken und Taschen in einer Nische auf einen

Abb. 36-41: Begegnen, nachstellen, imitieren, eine Rolle spielen ...

Tisch. Die Kinder wissen, daß sie hier nicht toben und schreien dürfen. Leider dürfen sie auch nichts berühren. Trotzdem interessieren sich die Kinder sehr für die Figuren. Da ich vorerst noch keine Aufgaben oder Ziele stelle, bewegen sie sich frei und ungezwungen im Raum, entdecken von sich aus, was sie wirklich interessiert: Figuren, denen die Arme fehlen und sogar der Kopf und die Beine; Füße, die besonders lange Zehen haben; Nacktheit; einen großen „Pimmel"; eine Hand, die auf dem Rücken liegt, d.h. einen Arm, der seinen eigenen Körper umfaßt. Ein paar Kinder messen ab, ob ihre eigene Hand größer oder kleiner ist, überprüfen, ob es die rechte oder linke Hand ist. Sehr vorsichtig, denn man darf ja nichts anlangen. Schade!

Von selbst bilden sich Kleingruppen, die sich je nach ihren Vorlieben bei weiblichen, männlichen, kleinen, großen, knienden oder stehenden Figuren aufhalten. Erst noch staunen, bewundern, dann läßt das Interesse nach. Jetzt ist eine Aufgabe fällig.

„Wer von euch hat eine Lieblingsfigur, und wer will mir zeigen, wie diese dasteht?" Ich werde zu den verschiedenen Skulpturen geschleppt und muß die Nachstellungen, Imitationen der Kinder begutachten. Sie beobachten intensiv, um die Statuen möglichst gut nachzuahmen.

Aus Erfahrung weiß ich, daß die Kinder in Museen und Ausstellungen gerne malen oder zeichnen. Ich habe also Papier, Stifte und Unterlagen dabei. Eine große Sitzbank dient uns als Tisch. Fast alle beteiligen sich begeistert.
Einige stehen immer wieder auf, suchen nach ihrem Modell, betrachten es genau, um anschließend ihre Zeichnung zu vollenden. Es fällt mir auf, daß Andreas herumsteht und sich anscheinend langweilt. Entgegen meiner sonstigen Grundeinstellung (Kinder dürfen sich langweilen und „nur" herumstehen!) fordere ich ihn auf, mit mir zu kommen, um eine von mir entdeckte Plastik anzusehen und sie eventuell nachzuahmen. Der Junge antwortet mir entrüstet: „Ich kann nicht mit dir kommen, ich muß hier stehen, weil mich die Elif abzeichnet!" Erst jetzt nehme ich wahr, daß Andreas in einer von Elif gewünschten Pose Modell steht. Mit freundlichem, aber sehr starrem Gesichtsausdruck steht er so still wie möglich in einer unauffälligen, lässigen Position. Innerlich bin ich etwas beschämt, weil ich wieder einmal nicht „richtig" gesehen habe, und gleichzeitig erstaunt, wie sehr meine Wahrnehmung von meinen Wünschen abhängt. Ich wollte die Zeit ausnützen, meine Entdeckung zeigen, niemand sollte sich hier langweilen.

Abb. 42: So hat Meike den starken Herkules gesehen. Ein Beispiel für viele beeindruckende Kinderzeichnungen beim Museumsbesuch.

Die Kinder sind mit ihren Malereien fertig. Wir versammeln uns, und ich biete ihnen ein paar Umhänge, Hüte und Sonnenbrillen an. Sie dürfen (wenn sie wollen) sich verkleiden, sich auf die Bank stellen, sich in gewünschte Posen stellen und sich betrachten und bewundern lassen. Die Begeisterung ist groß, das Gerangel um die Requisiten stürmisch. Je nach Temperament und Geltungsdrang gibt es überraschende, groteske, kuriose und alltägliche Darstellungen. Kinder und Erwachsene ergötzen sich an diesem Theater. Nicht jedes Kind will in eine Rolle schlüpfen.

Wir sind fast eine Stunde hier, die Lebendigkeit, der Bewegungsdrang der Kinder zwingen mich, den Saal zu verlassen. Draußen atmen wir alle auf, die Luft ist kühl und erfrischend.

Für diesen Besuch gab es fast keine Vorbereitung und erst recht keine Nachbereitung bzw. Aufarbeitung. Was die Kinder selbst entdeckt, aufgespürt und erlebt haben, war genug. Sie haben echtes Interesse, Lust und Freude gezeigt.

Ein paar Tage später steht ein Kind auf dem Tisch, ich bemerke nebenbei: „Du stehst ja wie eine Statue da!“ Claudia, die anscheinend meine Äußerung wahrgenommen hat, ruft begeistert: „Schau so wie ich!“ Sie hält ihren Kopf nach oben blickend, einen Arm nach vorne ausgestreckt, die Hand aufrecht, die Finger gespreizt. „Schau so wie das Baby!“ Neben ihr sitzt Andreas, der sich erhebt und mir weitere Posen zeigt.

Zum Weiterlesen

Claudia M. Pertler, **Kinder erleben große Maler.** Modelle für Erzieher, Lehrer und Eltern, Don Bosco Verlag, München 1992

Inge Reiner

Kinder sehen anders – fotografieren mit Kindern

Kinder richten eine Kamera naturgemäß auf Objekte, die sie interessieren.
In einer Anfangsphase des Fotografierens machen sie allerdings die Erfahrung, daß auf einem Foto nicht alles so interessant wirkt wie in Wirklichkeit. Man sollte Kindern diesen Lernprozeß ermöglichen, auch wenn er teueres Filmmaterial kostet.
Ich habe erfahren, daß Kinder u.a. folgendes fotografieren:
Telefonzellen, Abfalleimer, dicke Steine, Fahrräder, verschiedene Muster und Strukturen von Steinplatten oder Pflastersteinen auf Fußwegen, Gullis, Kanaldeckel, Gitter von Türen, Klingelschilder, Fassaden, Fenster, Treppen, Kirchen, Verkehrszeichen, Autos, Ölflecke am Boden, Papiere auf der Wiese, Wasserstrahlen, Bäume und Büsche, Sandkästen, Sand, Spielgeräte, Balkenverbindungen an Spielgeräten.
Die Aussage der Fotoreporterin Dorothea Lange „Jedes Foto ist ein Spiegel des Fotografen" bestätigten die Kinder mit ihrer Themenauswahl und ihren fotografischen Blickwinkeln.
So stört es Kinder nicht, wenn sie eine Person von hinten aufnehmen oder den Bauch fotografieren. Wir würden sagen, daß der Kopf abgeschnitten ist – Kinder sehen das anders. Vermutlich fotografieren Kinder auch nur Personen, die sie mögen, die ihnen sympathisch sind oder die zumindest freundlich auf sie zugehen.
In Blickhöhe der Kinder sieht ein Baum anders aus als in Blickhöhe von Erwachsenen. So wird des öfteren nur der Stamm, ohne Baumkrone und manchmal auch ohne Boden, fotografiert.
Der folgende Bericht schildert den Ablauf einer Foto-Safari mit Kindern in die nähere Umgebung ihres Kindergartens:

Abb. 43: Mit ihren Fotos machen uns Kinder auf auch für uns Erwachsene ungewöhnliche Perspektiven aufmerksam.

Die für die Handhabung der Kamera notwendigen kleinen Einweisungen, z.B. Finger nicht vor das Objektiv halten oder erklären, wie das Filmnachlegen geht, wurden nur wenn notwendig und von Fall zu Fall gegeben.

Wir begannen unseren Foto-Erkundungsgang mit einem Ratespiel. Auf einer Seite des Tisches lagen die Fotoapparate, kleine, robuste Automatic-Kleinbildsucherkameras mit eingebautem Blitz, Kassettenkameras und einige Polaroidkameras. Auf der anderen Seite die entsprechenden Filme, Kleinbildfilme für Farbbilder und Schwarzweißbilder, Kassettenfilme und Polaroidfilme. Die Zuordnung fiel den Kindern nicht leicht. Nachdem sie zuerst dachten, die kleinste Kamera benötige den größten Film, entschieden sie sich anders, als die Kameras geöffnet und die Filme ausgepackt waren. „Das ist so kugelrund, das muß da hinein gehören", meinte Sonja und legte den Kleinbildfilm in die dafür gehörende Wölbung. Von Anfang an begeisterten die Polaroidkameras die Kinder am meisten. Wir achteten deshalb darauf, daß jedes Kind jede Kamera ausprobieren konnte. Die Kinder hingen sich die Kameras um den Hals, und stolz zog unsere kleine Schar los. Mit dem umgehängten Fotoapparat gingen die Kinder ohne Anweisung vorsichtig, ernsthaft und fast würdevoll um.

Nachdem Matthias einmal stolperte, war er froh, daß die Kamera umgehängt war und nicht auf den Boden fiel.

Die Kinder interessierten sich u.a. für entgegenkommende Personen und Hunde. Sicherer geworden, fotografierten sie sich gegenseitig u.a., wie sie auf einem Spielplatz rutschten, kletterten, schaukelten oder sich ausruhten. Unsere Kindergruppe löste auf fast allen Gesichtern von Erwachsenen ein Lächeln aus.

Die Kinder waren die ganze Zeit über sehr konzentriert, ruhig und fröhlich. Sie fotografierten zunehmend mit ungewöhnlicheren Perspektiven, z.B. von unten in das Kletterhäuschen hinauf oder von oben auf der Rutschbahn nach unten.

Sie gaben sich auch untereinander Anweisungen wie z.B. „fotografiere, wenn ich die Rutschbahn halb hinunter gerutscht bin" oder „schau zum Fenster hin und nicht zu mir" oder „knie dich hin mit einem Bein". Anjli war selbst ihr liebstes Fotomodell und ließ sich immer wieder fotografieren. Sie gefiel sich sehr und schaute sich auf dem Sofortbild immer wieder an. Die Anweisungen: „Geh weiter hinauf, hinunter, hinüber, vorwärts, rückwärts, auf die Seite" wurden sofort verstanden, die Bitte, nach links oder rechts zu gehen, löste jedoch eine kleine Diskussion aus, da der zu Fotografierende in eine andere Richtung ging, als der Fotograf wollte.

Lisa erzählte begeistert: „Jetzt habe ich das Bild fotografiert."

Erst nach dem Entwickeln des Filmes löste sich das Rätsel auf, Lisa hatte ihr Sofortbild mit entsprechendem Abstand mit einer Kleinbildkamera fotografiert.

Zum Film wechseln benötigten die Kinder Ruhe und Zeit, eine Parkbank war dafür gerade richtig. Bei den Kleinbildkameras hat sich gezeigt, daß zwar das Filmeinlegen geübt werden muß, jedoch der leicht gängige Auslöser gut zu bedienen ist. Bei den Kassettenkameras war das Filmewechseln einfach. Auch wenn der Auslöser bei Sofortbildkameras schwer zu drücken ist, war gerade dieser Apparat besonders beliebt und sehr attraktiv für die Kinder. Fasziniert schaute der kleine italienische „Fotograf" Deniz beim Entwickeln des Bildes einer Sofortbild-

Abb. 44: Anfangsprobleme mit dem richtigen „Durchblick“

Abb. 45: Verständliches Interesse und Begeisterung für eine Sofortbildkamera

kamera zu, betrachtete es kritisch und zog aus der unscharfen Ansicht sofort seine Konsequenz: „da war ich zu nahe dran" und fotografierte nochmals von einem etwas entfernteren Standpunkt aus.
Nachdem die Filme entwickelt waren, betrachteten die Kinder ihr Werke begeistert.
Sie amüsierten sich darüber, wenn nur der Bauch zu sehen war, erinnerten sich an bestimmte Situationen und wußten die Umstände, die dazu geführt hatten, genau. Nur die größeren Kinder äußerten sich kritisch: „Das nächste Mal halte ich den Foto ruhig, fotografiere ich dich anders, fotografiere ich vom Balkon aus" etc.

Einige praktische Hinweise zum Fotografieren mit Kindern

Geeignete Fotoapparate

- Automatische Kleinbildkamera mit eingebautem Blitz. Das Filmeinlegen muß geübt werden, normale Kleinbildfilme für Farbbilder mit einer Filmempfindlichkeit von 100 oder 200 ASA haben sich bewährt.
- Sofortbild- oder Polaroidkamera mit eingebautem Blitz. Zu beachten ist, daß der Schlitz, aus dem das Bild nach dem Auslösen kommt, nicht mit der Hand oder einem Finger zugedeckt wird. Das Bild muß frei herauskommen können, um zu vermeiden, daß die Farbe und die Fotochemikalien aus dem Bild austreten.
- Beobachtungsgänge bei zu starker Mittagssonne sind wegen der starken Helligkeitskontraste von Sonnenflächen und Schatten wenig geeignet. Eine Foto-Safari bei hellem, bedecktem Himmel mit diffusem Licht ist für die Motive, die Kinder bevorzugen, besonders geeignet.
- Geben Sie den Kindern zuerst nur wenig Hinweise. Lassen sie die Kinder die Handhabung des Fotoapparates und ihre Motive selbst entdecken.

Einige Hinweise, die Sie Kindern geben sollten

- Durch den Sucher schauen, um das Motiv genau zu sehen.
- Auslösetaste ruhig drücken, sonst ist das Bild „verwackelt."
- Die Kamera beim Fotografieren ruhig und gerade halten, evtl. dabei leicht breitbeinig stehen. Fotografieren kann man auch auf dem Boden liegend, auf einem Stuhl stehend und kniend.
- Den Finger, die Hand oder einen Gegenstand nicht vor das Objektiv halten, da bei Sucherkameras durch den Sucher und nicht durch das Objektiv gesehen wird. Der Finger erscheint sonst auf dem Foto.
- Nahe ran an kleine Motive, jedoch nicht näher, als es die Kamera erlaubt (siehe Anleitung des Kameraherstellers). In der Regel liegt der kürzest mögliche Abstand zwischen 65 und 90 cm.

Themen

- Gesichter schneiden; lustig, traurig, wild.
- Mein Freund, meine Freundin.
- Hier wohne ich.
- Mein Weg zum Kindergarten.
- Unser Kindergarten.
- Ich spiele am liebsten mit .../mein Lieblingsspielzeug.
- Wir spielen im Garten, auf dem Spielplatz.
- Umgebung des Kindergartens/unser Stadtteil.

- Beim Einkaufen, auf der Post, auf dem Markt, im Tierpark, auf dem Bauernhof.
- Was esse ich?
- Ich sehe was, was du nicht siehst – such es auf dem Foto.

Weitere Anregungen

- Kinder verkleiden oder schminken sich, bevor sie fotografiert werden, oder sie stellen sich in Pose wie auf einem Denkmal.
  Selbstverständlich sollten Portraitaufnahmen und Gruppenfotos nur mit Zustimmung der jeweiligen Kinder vorgenommen werden.
- Mit einem Portrait-Bild einen Spaß-Ausweis wie Polizeiausweis oder Indianerausweis herstellen.
- Die Bilder zu einer Fotogalerie in Augenhöhe der Kinder aufhängen.
- Einzelne besonders gelungene Fotos, z.B. Strukturen, schwarzweiß vergrößern lassen.
- Fotoraten wie bei Dalli-Klick – ein Foto mit einzelnen Papierstücken zudecken, langsam aufdecken; wer errät zuerst, was das Foto darstellt?
- Fotos verändern, z.B. durch Bemalen.
- Alte Familienfotos betrachten; wie sah ich als Baby aus, wie meine Mama, mein Papa, meine Oma, mein Opa, wie Tante Gretel?
- Eine lebensgroße Pappfigur, ohne Gesicht, ausschneiden, bemalen und aufstellen. Ein Kind kann anstelle des Gesichtes seinen eigenen Kopf einfügen und so fotografiert werden.
- Wie fotografieren Erwachsene? Verschiedene Illustrierte betrachten, Bilder ausschneiden, um eine Collage zu erstellen.

Zum Weiterlesen

Gisela Degler-Rummel/Jochen Blume: **Meine Kamera kann zaubern.** Ein Fotoratgeber für Kinder, Carlsen Verlag, Hamburg 1992

Brigitte Merget

Am Hachinger Bach

Wir gehen mit drei Kindern am Nachmittag zum Bach. Frau Pilger-Feiler und ich suchen zuerst ein geeignetes Plätzchen zum Fotografieren. Es ist gar nicht einfach, eine Stelle zu finden mit etwas Sonnenlicht, das aber nicht zu grell sein darf. Dann waten wir beide den Bach ca. 6 m ab und suchen nach Glasscherben und anderen spitzigen Gegenständen, die wir herausfischen. Nun heben wir vorsichtig ein Kind nach dem anderen ins Wasser. Die Kinder haben viel Spaß, gehen auf und ab, lachen und erzählen viel. Sie beobachten genau, wenn große Blätter oder Gräser angeschwommen kommen, und verfolgen mit ihren Augen, wohin sie schwimmen.

Abb. 46: Ein Bach – ein Fest für alle Sinne!

Juliana wird es zu kalt, ich setze sie an das Ufer, sie spielt und erzählt aber immer noch vom Bach und steigt nach kurzer Pause wieder ins Wasser. Nach einer halben Stunde läßt das Interesse der Kinder etwas nach. Da kommt plötzlich eine rote Geranienblüte angeschwommen. Die Kinder sind fasziniert und begeistert von ihrer leuchtenden Farbe. Sie wandert von Hand zu Hand. Eine Mutter kommt mit dem Fahrrad vorbei und will Lena abholen. Auch Lenas Schwester Hanna ist dabei. Lena möchte noch nicht nach Hause, ihre Schwester Hanna kommt nach kurzem Zögern zu uns ins Wasser. Die Kinder pflücken große Grashalme ab und spielen „Angeln". Die Stimmung ist harmonisch, und die Zeit vergeht auch für mich sehr schnell. Ich merke gar nicht, daß ich bereits eine Stunde im Wasser stehe und immer wieder Kinder beobachte, wie sie neue Ideen entwickeln. Ich habe durch Händehalten einen engen Kontakt zu ihnen und bin vertieft in diese Beschäftigung. Gegen 17 Uhr müssen wir wieder in den Kindergarten zurückgehen, was allseits bedauert wird.

Inge Reiner

Geheimnisvolle Türen

Bei unseren regelmäßigen Erkundungsgängen in die Umgebung des Kindergartens planen wir mit den Kindern manchmal, auf einen Gegenstand besonders zu achten.
Heute haben wir uns Türen vorgenommen.
Gleich bei der ersten Türe gab's Probleme. Es war eine Gaststättentüre mit Glasflächen in einem Teil der Türe. Die Kinder rochen an der Türe, stellten fest, sie riecht unangenehm rauchig und tappten dabei auf dem Glas herum. Die Wirtin beschwerte sich darüber – und wir eilten zur nächsten Türe weiter.
Sehr interessiert waren die Kinder an großen Glastüren, in denen sie sich spiegeln konnten. Geriffelte Glastüren fühlten die Kinder gerne an. Zu den glatten, abgerundeten Flächen meinte Katharina, sie wären weich, Aurelia äußerte, das sind Buckel.
Von der Betrachtung der Ladentür eines Fotostudios lenkte Aurelia ein großes Hochzeitsfoto im Schaufenster ab. Wunderschön – sie konnte sich kaum trennen.
An der nächsten Ladentüre konnten wir keinen Hinweis auf irgendwelche Waren entdecken. Deniz sah durch das Schlüsselloch und stellte fest, daß Kinder darin waren. Eine freundliche junge Dame öffnete, einige kleinere Kinder mit Schnuller schauten neugierig hinter ihr hervor, wir hatten eine Kleinkindergruppe entdeckt.

Abb. 47-54 S. 90/91: Faszinierende Vielfalt von Türen für wache Augen

Ausfahrt
freihalten!

Beeindruckt waren die Kinder von schönen alten Holztüren. Da gab es sehr viel zu sehen: geschnitzte Köpfe, kleine Rosetten, verschiedene Muster, Verzierungen, Ornamente und Strukturen. „Die Türe möchte ich zu Hause haben", sagte Deniz und fühlte liebevoll den Holzrahmen. Matthias sagte über die Verzierung eines männlichen Kopfes mit Schnörkeln: „Der Mann hat einen Traubenbart". An den alten Türen konnten die Kinder ihre Beobachtungen am deutlichsten formulieren: rauh, glatt, warm, kalt, weich, zackig, eckig, Glas, Holz, Metall, Muster, Schloß, Schlüsselloch, Knauf, Klinke, Griffe, Gitter, Namensschilder, Klingel, Hausnummer und die Stufe zur Türe.

Lange betrachtete Sonja ein kleines gemauertes Dach über einer alten Türe. Sie meinte: „Die Türe hat ein richtiges Dach, und komisch, das Haus hat ein gerades". Sie hatte insofern recht, als von ihrem Standpunkt aus das Hausdach gerade aussah.

In einem Innenhof mit Bänken legten wir eine Pause mit Saft und Vollkornkeksen ein.

Sehr lange befühlten die Kinder eine Schuppentüre aus neugehobelten Brettern. Als die Erzieherin Papier und Wachsmalblöcke austeilte und das Herstellen von Rubbelbildern mit der Holzstruktur vorschlug, waren alle begeistert.

Der Besitzer des Schuppens empfahl uns, im offenen Schuppenteil gefällte Baumstammscheiben, Stroh und Weidenzweige zu befühlen. Nach einiger Zeit zogen wir mit einem Eierbrikett, sorgsam in Papier gehüllt, weiter.

Von großem Interesse war für uns alle auch, was sich hinter den Türen befindet. Alte und unterschiedliche Briefkästen wurden genau betrachtet. Durch das Zählen der Briefkästen stellte Matthias fest, wieviele „Leute" hier wohnen. Hausflure faszinierten Andreas besonders. Er verglich schöne Treppenaufgänge mit dem Haus seiner Tante Gretel. Die Kacheln eines Treppenhauses, auf denen Vögel, Bäume und Engel mit Musikinstrumenten abgebildet waren, motivierten uns zu einem Ratespiel. Andreas war begeistert, als uns unser Beobachtungsgang tatsächlich am Haus von Tante Gretel vorbeiführte. Er läutete am Klingelbrett, leise hörten auch wir das Läuten. Durch das Summen des Türöffners wußten wir, daß die Türe zu öffnen sei. Tante Gretel kam uns entgegen, freute sich, dankte für den Besuch,aber leider mußte sie zum Arzt, sonst hätte sie uns die Wohnung gezeigt.

Schmiedeeiserne Tore verleiteten die Kinder zum Klettern.

Als wir durch ein Tor gingen, öffnete sich mitten in der Großstadt der Blick auf eine romantische Innenhofidylle mit einem kleinen Teich, auf dem zwei Schwäne ruhig schwammen, mit Beerensträuchern, Obstbäumen sowie blühenden Blumen entlang des Weges, über den ein weißer Hase hoppelte. Sogar ein Taubenhaus und Bienenstöcke entdeckten die Kinder. Anjli, unsere kleine Inderin, meinte begeistert: „Ich wollte, ich könnte hier wohnen!" Vielstimmig ertönte darauf: „ich auch".

Bei dem Beobachtungsgang wurde deutlich, daß die Kinder Türen bewußt und mit allen Sinnen wahrgenommen hatten. Sie fühlten die Materialien, sie sahen Details, hörten die Klingel, den Türsummer, die quietschende Türe, die knarrende Treppe, die Vögel, sie rochen an Türen und Pflanzen, sie balancierten auf Mäuerchen, kletterten auf Tore, äußerten phantasievolle Beiträge, beachteten viele Details.

Die Kinder beobachteten auch, wie freundlich jemand aus der Tür kam, wie eilig der Postbote

Abb. 55/56: Ein- und Ausblicke. Türen machen nicht nur Kinder neugierig.

zur Türe lief, vermuteten, wie es wohl hinter der Türe aussehen könnte, und stellten fest, daß Türen und Tore eine deutliche Grenze darstellen. Sie sahen die verschiedensten Haustüren, Ladentüren, Gartentüren aus den unterschiedlichsten Materialien, mit den vielfältigsten Verzierungen.
Die letzte Türe, die wir vor Müdigkeit kaum noch sahen, war die Kindergartentüre.
Am nächsten Tag malten die Kinder begeistert Türen und Tore, schnitten Türen aus, beklebten sie und zeichneten dahinter Treppenhäuser. Sie bauten Häuser mit Türen aus bereitgestellten Schachteln und Kartons. Die Türgestaltung war ihnen dabei besonders wichtig.

Weitere Anregungen zum Thema Türen

- **Türen im Kindergarten**
  die Türen zu den verschiedenen Räumen, die Eingangstüre, das Gartentor.

- **Türen zum Spielen**
  in der Puppenecke, im Spielhaus, bei der Garage, beim Bauernhof, aus Bausteinen usw.

– **Die Türe im Märchen**
In folgenden Märchen spielt u.a. die Türe eine wichtige Rolle:
Frau Holle – Das Tor, durch das Goldmarie und Pechmarie gehen.
Der Wolf und die sieben Geißlein – Die Haustüre, an die der Wolf klopft.
Froschkönig – Es klopfte an die Türe und rief: „Königstochter, jüngste, mach mir auf."
Dornröschen – Die 13. Fee kam zur Türe herein.
Schneewittchen – Die Stiefmutter klopft verkleidet an die Türe.
Rotkäppchen – „Drück' nur auf die Klinke," rief die Großmutter.

– **Die Türe in der Kunst**
Viele Maler haben auf ihren Bildern Türen kunstvoll gemalt. Entsprechende Postkarten, auf denen Türen abgebildet sind, könnten im Kindergarten aufgehängt werden.

– **Und was für eine Bedeutung hat die Türe für mich?**
Ist sie abweisend oder einladend, öffne ich sie oder schließe ich sie?
Ist es eine Türe mit sieben Siegeln?
Bedeutet sie Geborgenheit, Sicherheit, Besitz oder Isolation?
Schließe ich mich ein und sperre ich ab?
Bin ich hinter der eigenen Türe zu Hause?
Falle ich mit der Türe ins Haus?
Ist sie das Tor zum Glück, das Tor zur Religion?
Welches Geheimnis versteckt sich hinter der Türe?
Bin ich willkommen oder nicht?
Träume ich von einer Türe, durch die ich gehe?

Zum Weiterlesen

Fachbücher mit Farbfotos

Wolfgang Lauter: **Tür und Tor – Zwischen drinnen und draußen,** Die bibliophilen Taschenbücher Nr. 180, Harenberg Kommunikation, Dortmund 1980

Wolfgang Lauter: **Zäune und Mauern – Wo die eigene Welt anfängt,** Die bibliophilen Taschenbücher Nr. 399, Harenberg Kommunikation, Dortmund 1983

Klaus D. Appuhn: **Wohlfeil und köstlich – Märkte, Läden und Händler in aller Welt,** Die bibliophilen Taschenbücher Nr. 336, Harenberg Kommunikation, Dortmund 1982

Abb. 57/58: Sinnesmuseum für Kinder – so oder so?

Farben

„...daß wir in den Gegenständen etwas wahrnehmen, von dem wir nicht wissen, was es ist, das aber in uns eine bestimmte Empfindung bewirkt, die die Empfindung der Farbe genannt wird.“

René Descartes (1596-1650)

Wenn man das farbige Bild eines Fernsehgerätes an irgendeiner Stelle durch eine Lupe betrachtet, sieht man unzählige Dreiergruppen von kleinen Stäbchen jeweils mit den Farben Blau, Rot, Grün. Eine andere Farbe sieht man durch die Lupe nicht. Durch Überlagerung der drei Grundfarben und entsprechende Helligkeitsabstufung lassen sich beliebig viele Farben auf dem Bildschirm erzeugen. Man darf nur ja nicht seinem Spieltrieb so verfallen wie ich und mit einem Magneten über den Bildschirm streichen. Man erhält dann nämlich Farbflecken auf dem Bildschirm, die nur langsam wieder verschwinden.
Auch in unserem Auge befinden sich drei verschiedene Empfängertypen für die drei Grundfarben: Rot-empfindliche, Grün-empfindliche und Blau-empfindliche Zapfen.
Auf einer schwarzweiß gemusterten Drehscheibe sehen wir Farben, wenn sie langsam rotiert, weil sie ein zeitliches Erregungsmuster hervorruft, das vom Gehirn mit einem von farbigen Lichtreizen erzeugten Erregungsmuster verwechselt wird, die die verschieden großen Lichtquanten einfangen. Bei bestimmten Lichtreizkombinationen entsteht aufgrund einer komplizierten Berechnung in unserem Gehirn eine Farbempfindung. Der russische Maler Wassily Kandinsky hat einmal gesagt: „Farben beeinflussen in erster Linie unsere Seele.“

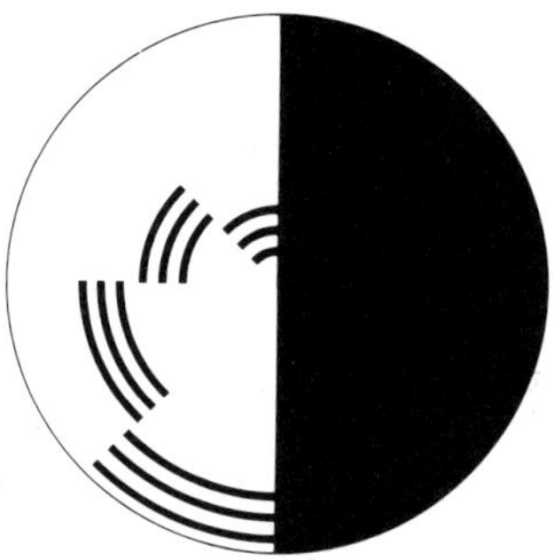

In ihrem Buch „Wie Farben wirken“ geht Eva Heller darauf ein, was Menschen empfinden und assoziieren, wenn sie bestimmte Farben sehen. Danach hängt die Wirkung einer Farbe auf uns u.a. ab von persönlichen Erfahrungen, Traditionen, Landschaften, in denen man lebt, und von dem Zusammenhang, in dem wir eine Farbe erfahren. Wenn z.B. ein Engländer „blau“ ist, ist er melancholisch (man denke auch an den Blues). Wenn ein Deutscher „blau“ ist, ist er betrunken.
Aufgrund der vielfältigen Bedeutungen, die Farben für unser Leben haben, müssen wir bei Kindern dem Thema „Farbe“ viel Raum geben.
Zu diesem Thema gehören u.a. die farbliche Gestaltung der Räume, in denen Kinder leben, die Auswahl der Farben für ihre Kleider und ihr Spielzeug und die Bereitstellung von genügend Farbmaterial zum großzügigen, freien Malen und Gestalten.

Zum Weiterlesen

Eva Heller: **Wie Farben wirken,** Rowohlt, Reinbek 1989

Abb. 59/60: Farbe erleben in alltäglichen Dingen: Seifenschaum/In Zelten oder Häuschen aus eingefärbten Leintüchern läßt sich die Wirkung der Farben erspüren. („Im gelben Häuschen bin ich die Sonne, ins blaue gehe ich, wenn ich traurig bin.") Vgl. Text S. 46.

Bruno Wendnagel

Farben aus der Alchimistenküche

Kinder (und Erwachsene) sind gewohnt, Farben als fertiges Produkt zu verwenden: Gelb, das ist das erste Näpfchen im Malkasten, Rot kommt fließend aus dem Filzschreiber, mit grünen Buntstiften kann man Arbeitsblätter ausmalen. Wir verfügen wie selbstverständlich über diese Pracht, aber kennen wir die Geheimnisse, die in den Farben stecken, ihre Bestandteile, ihre Eigenschaften?
Bis zur ersten Herstellung der künstlichen Farben (Indanthrenfarben) vor ca. 100 Jahren war das Farbanrühren eine kleine Hexerei. Pigmente, die feinsten Farbteilchen, stammten von Halbedelsteinen (Lapislazuli), von Drüsen der Purpurschnecken (für 1 Gramm mußten 10 000 ihr Leben lassen) oder vom Urin indischer Kühe. Bindemittel wurden aus dem Kasein der Milch oder aus Hühnereiern (Dotter, aber auch Eiweiß) gewonnen. Das richtige Mischen geeigneter Bestandteile war höchste Handwerkskunst und muß uns heute in ehrfürchtiges Erstaunen versetzen.

Im Farblabor

Mit ein paar Rezepten wollen wir heute einmal experimentieren und vielleicht neue Geheimnisse entdecken.

Pigmente kann man im Malerfachhandel bekommen. Billig sind die mit Kreide verschnittenen Pigmente. Dafür sind sie nicht sehr intensiv, eignen sich aber zum Bemalen großer Flächen. Ferner sind die Künstlerpigmente meist nur in kleinen Döschen erhältlich und haben ihren Preis je nach Farbechtheit.
Wir wollen aber eigene Pigmente aus Küche und Umgebung zu entdecken versuchen, z.B. das Rot des Himbeersaftes oder -sirups; das Gelb des Safrangewürzes; Schwarz liefert uns fein zerriebene Holzkohle; Hellrot der abgeschabte Staub des Ziegelsteins; Ocker der gelbbraune Lehm im Erdreich. Nur blaue Farbsubstanz ist schwer zu erhalten. Der Pflanzenfarbstoff Indigo, verwendet beim Färben von Jeans, ist bei uns sehr exotisch, und das Blau der Blaubeeren (Heidelbeeren) ist eher ein Violett. Hier müssen wir auf Pigmente aus dem Handel zurückgreifen.

Der zweite Bestandteil für unsere Farbpalette sind die Bindemittel.

Den ersten Versuch machen wir mit Eidotter. Vermengt mit dem jeweiligen Farbstoff und mit etwas Wasser verdünnt, ergibt dies eine samtige, noch fließende Farbe mit guten Deckeigenschaften. Die berühmtesten Renaissancemaler Italiens haben sie als Eitempera verwendet.

Für einen weiteren Versuch in unserer Alchimistenküche benötigen wir Quark und Hirschhornsalz. Die Käsemasse verflüssigen wir in Wasser und geben das im lauwarmen Wasser gelöste Hirschhornsalz hinzu. Unser Bindemittel ist fertig.

Ebenfalls aus der Speisekammer stammt das Rezept für Roggenkleister. Dieses Bindemittel besteht aus Roggenmehl, das erst mit etwas warmem Wasser, dann mit der doppelten Menge kaltem und schließlich der dreifachen Menge kochendem Wasser verrührt wird. Dazu kommen noch einige Eßlöffel Leinölfirnis.

Natürlich gibt es im Handel einfache Bindemittel wie Kleister oder flüssige Dispersion (z.B. Caparol), die die Farbherstellung vereinfachen.

Ziel sollte es sein, die Sinne zu wecken und die Phantasie zu beflügeln für das wunderbare Gestaltungsmedium Farbe.

Mit Düften malen

Beim Himbeersaft als Farbmittel wecken wir neben dem Augen- auch den Geruchssinn. Diese Spur sollten wir einmal weiter verfolgen und anderen selbst hergestellten Farben passende Duftstoffe beifügen.
Der Fachhandel bietet eine Fülle von Duftstoffen an, sogenannte ätherische Öle, die die Kinder je nach Geschmacks- und Geruchsvorstellung der passenden Farbe zuordnen.
Besonders komplexe Sinneseindrücke entstehen durch Mischen solcher Farben und Auftragen auf Malgründen. Aus einem Blumenbild wird so eine duftende Sommerwiese, und dem Sonnenball entströmt Zimtgeruch.
Vorsicht! Nur ein bißchen Duft – sonst werden wir „vernebelt“!

Bruno Wendnagel

Vom rasenden Planeten zur Farbgalaxis

Ein Kreisel ist nicht nur ein Kinderspielzeug, er ist ein Phänomen aus dem Ursprung unseres Universums, Urknallphysik in unserer Hand. Er vereint rasende Geschwindigkeiten mit Stabilität und Ausgeglichenheit, bewegt eine schwere Masse in nur einem Punkt. Er stellt die uns vertraute Schwerkraft auf den Kopf, bleibt in jeder Lage oder rast wie ein Geschoß über das Spielfeld.
Ein Blick ins Universum belehrt uns: wir sind umgeben von Myriaden von Kreiseln. Tageslauf und Mondbewegung, Sturm und Regen, vom schwarzen Loch bis zum Satelliten: alles basiert auf dem Prinzip des Kreisels.
So schließt sich der Kreis, die Wunderwelt des Kosmos wird wahrnehmbar am einfachen Spielzeug Kreisel.
Lassen wir uns von seiner Drehbewegung faszinieren.
Als Hilfsmittel benötigen wir eine Glasplatte (auch weiß beschichtete Spanplatte) und einen Spritzschutz, z.B. eine Schachtel ohne Deckel und Boden oder einen Kartonstreifen, 10 cm breit, Ø 60 cm.

Abb. 61 a-c: Das Spiel mit der rotierenden Scheibe erfordert Konzentration und macht viel Freude. Geschafft! Die aufgesetzte Spielfigur bleibt im Zentrum der rotierenden Kreiselscheibe stehen (rechts).

Für die schnellen Drehungen eignet sich eine Bohrmaschine mit einem kleinen Schleifteller-einsatz oder auch ein aufgesteckter Korken mit großem Durchmesser.

Als Mal- oder Schleuderteller nehmen wir ein DIN-A3-Blatt oder größeres festeres Papier, z.B. 180 g/qm oder einen leichten Karton. Tortenboden, quadratisches Papier – auf Kanten aufgespannt –: im Prinzip eignet sich alles, was nicht flattern kann.

Auf der Papierunterlage markieren wir ungefähr die Mitte und setzen unsere Bohrmaschine mit dem „Mitnehmer" ins Zentrum.

Bevor wir Farbe aufbringen, sollten wir die Funktion unserer galaktischen Schleuder ausprobieren, damit niemand verletzt wird. Alles andere ist Experiment.

Wir tropfen verschiedene Tuschen und Wasserfarben auf die rasende Scheibe und auch mal dickflüssige Farben (Dispersion).

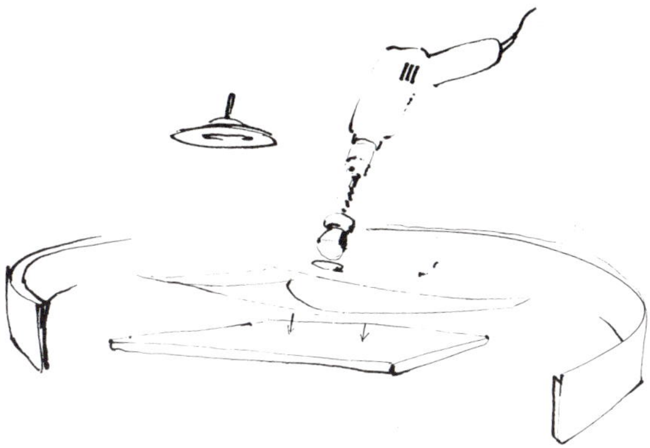

So erkunden wir, was ein schneller Stop oder Start verursacht, was mit einem großen Farbklecks passiert - wir sind mitten im Experimentieren.
Nach einiger Erfahrung kann man auch Overheadfolien als Farbteller und gut haftende Farbe

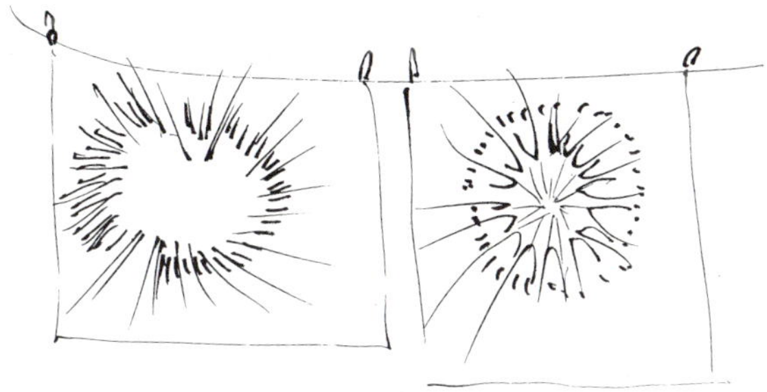

(Dispersionsfarbe – Cromarfarben) verwenden. Die entstandenen Galaxien werden auf schwarzem Tuch oder Papier aufgeklebt und ganze Zimmerwände damit verkleidet – wir schweben im Weltraum.

Zum Weiterlesen

Renée Holler: **Kreisel**, Verlag H. Hugendubel, München 1989

Abb. 62: Das Licht einer Taschenlampe, durch eine facettenreich geschliffene Glaskugel geschickt, schafft ein Feuerwerk an Farben und Formen.

Täuschungen

In der Psychologie werden als Wahrnehmungstäuschungen bewußte Erlebnisse (Wahrnehmungsinhalte) bezeichnet, die von der objektiv gegebenen Wirklichkeit abweichen, jedoch als Wahrnehmung der „gegenwärtig“ vorhandenen Umgebung empfunden werden. Den Ausdruck „Sinnestäuschungen“ verwendet man nicht mehr, da nicht die Sinne getäuscht werden, sondern das zentrale Verarbeitungsorgan der Wahrnehmung, das Gehirn.

Man unterscheidet:

1. Täuschungen, die ohne entsprechende Außenreize entstehen wie Halluzinationen.
2. Täuschungen, die durch Bewegung entstehen, z.B. die Landschaft, die aus dem fahrenden Auto betrachtet wird, oder der Kreisel, auf dem die Farben ineinander verschmelzen.
3. Optische Täuschungen.

Täuschen läßt sich auch unser Ohr durch Stereo- oder durch Hallgeräte. Unsere beiden Ohren ermöglichen es uns, den Ort einer Schallquelle in etwa zu bestimmen. Dies gelingt vereinfacht gesagt dadurch, daß der Schall, je nachdem aus welcher Richtung er kommt, immer ein Ohr mit einer geringfügigen Verzögerung erreicht, die im Gehirn entsprechend verarbeitet wird. Nur wenn die Schallquelle genau frontal liegt, erreicht der Schall beide Ohren gleichzeitig. Durch eine Schallaufnahme mit zwei Mikrofonen und eine entsprechende Wiedergabe über zwei Lautsprecher kann dem Ohr ein Raumklang vorgetäuscht werden. Hallgeräte fehlen heute kaum bei einer modernen Band. Sie täuschen in kleinsten Räumen große Weite vor und machen manch kleine Stimme zu einer großen.

Selbst der so realistische Tastsinn läßt sich täuschen:

Wenn man die Finger kreuzt und dann mit einer Bleistiftspitze den Berührungspunkt des Fingerkreuzes berührt, hat man das beunruhigende Erlebnis einer Doppelberührung, auch wenn man mit eigenen Augen und sicherem Verstand den Irrtum erkennt (aristotelisches Empfindungsparadox). Die Empfindung einer Doppelberührung hat man auch, wenn man mit gekreuzten Fingern eine Kugel berührt.

Lustig ist folgende Tasttäuschung: Man „bürstet“ mit einer *Hand* den Rücken einer Versuchsperson und gleichzeitig mit einer echten Bürste am eigenen Gewand – natürlich ohne daß die Versuchsperson dies sieht. In der Regel wird das Geräusch der Bürste ausreichen, um die Hand als Bürste zu empfinden.

Abb. 63/64: Optische Täuschung/Zweideutigkeit
Junge oder alte Frau/Indianerkopf oder Eskimo von hinten

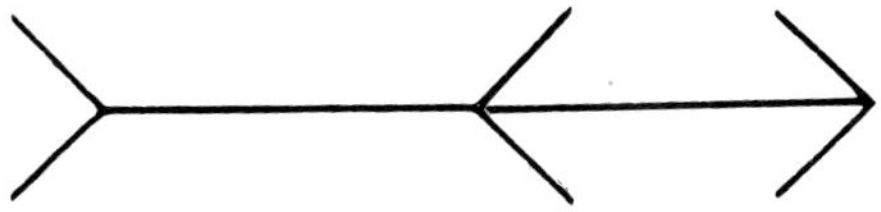

Beide waagrechten Teilstrecken sind gleich lang.

Kinetische bzw. Flimmereffekte

Alle Männer sind gleich groß.

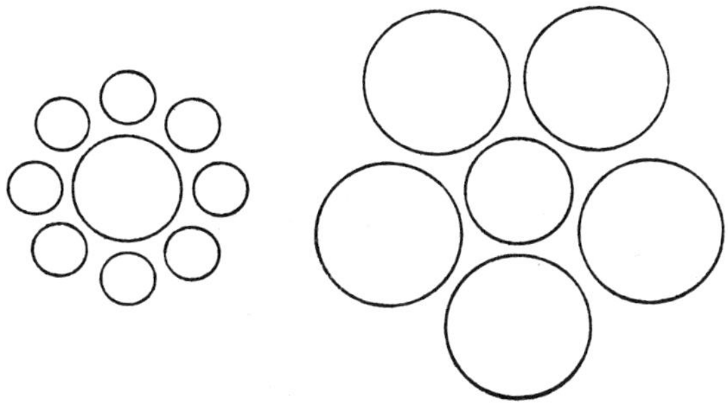

Die Innenkreise (oben) sind gleich groß, alle Figurseiten (unten) gleich lang.

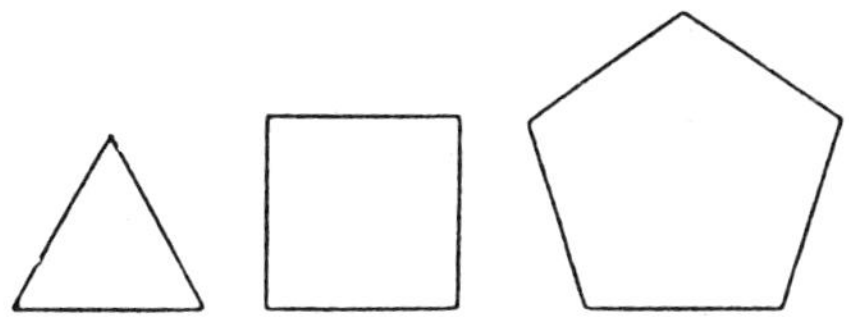

Durch die Strahlen erscheinen die waagrechten Linien gewölbt.

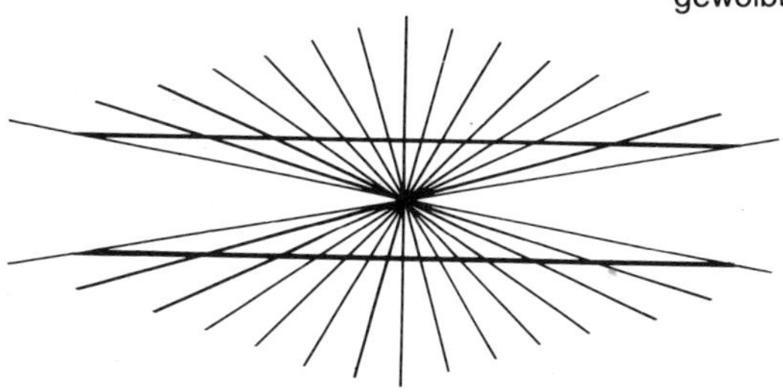

Zaubern

Ein Zauberer geht von unseren Sehgewohnheiten und unseren damit verbundenen Erwartungen aus. Indem er unsere Erwartungen enttäuscht, zaubert er (oder sie). Hilfreich für den Zauberer ist dabei, daß sich unsere Augen gleichzeitig bewegen und immer nur in eine Richtung schauen können, in die der Zauberer will.
Unsere Aufmerksamkeit wird z.B. auf die langsame Bewegung einer Hand gelenkt, während die andere blitzschnell etwas verschwinden läßt.

Um richtig zaubern zu können, bedarf es allerdings vieler Übung und Schulung. Gerade Kinder durchschauen ungeschickt ausgeführte Tricks sehr rasch.
Viele physikalisch oder chemisch erklärbare Vorgänge nehmen Kinder oft als Zauberei an. Die „magische Jacke" ist z.B. eine ganz gewöhnliche Stoffjacke, an deren Revers Magnete angeheftet wurden.
Das Geheimnis des Luftballons, in den man mit einer Nadel stechen kann, ohne daß dieser zerplatzt, ist ein Stück Tesafilm, das auf die Stelle des Ballons geklebt wird, in die man hineinsticht. Alle „Zaubertricks" rufen nur Erstaunen hervor, wenn etwas anderes erwartet wird, als dann tatsächlich geschieht. Beim Hineinstechen mit einer Nadel in den Luftballon erwartet man, daß dieser platzt. Wenn man allerdings weiß, daß ein Tesafilm auf dem Ballon klebt, der nach dem Hineinstechen sofort abdichtet, ist man sicher weniger erstaunt. (Mich erstaunt es trotzdem immer wieder, daß es tatsächlich funktioniert.)

Abb. 65: Hokuspokus: eine Papierpalme!

Abb. 67 S. 106: Magnetjacke

Abb. 66 a S. 105 oben: Nur ein Wassertropfen!

Abb. 66 b S. 105 unten: Schatten verkleiden

Bruno Wendnagel

Papierwelt in drei Dimensionen

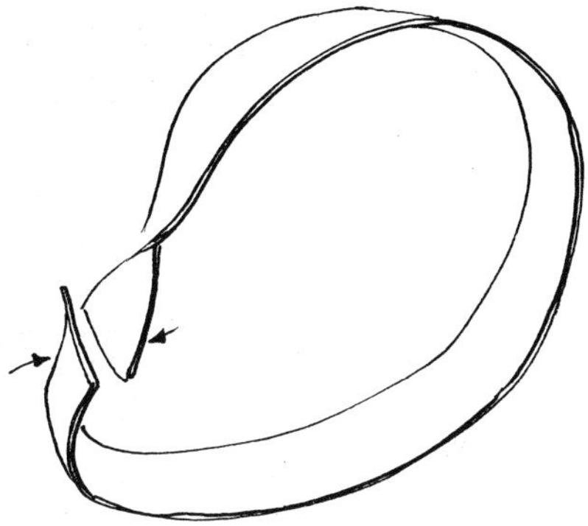

Möbiusband

Es ist zum Verrücktwerden: Ein einfacher Papierstreifen, z.B. 3 cm breit, aus einem DIN-A 3-Blatt zu einem Ring geformt, aber dann mit einer 180°-Drehung zusammengeklebt, versetzt uns in ein Zauberreich, das unserer physikalischen Welt spottet.

Die verrückte Achterbahn

Die Schublade einer Streichholzschachtel wird unser Versuchswägelchen. Kleine Papierfiguren (Buntpapier) oder Plastilinpüppchen sitzen drin und warten auf das Abenteuer. Wir starten auf der Innenseite nach unten: mit rasender Fahrt durch die Talsohle, und plötzlich sind wir – welch ein Schock – auf der Außenseite, rasen über den Scheitelpunkt und landen wieder sicher im Inneren der Bahn.

Für alle Ungläubigen läßt sich das Experiment als Gemeinschaftsarbeit im großen Maßstab wiederholen:

Wellpappenrolle, 70 cm/100 cm breit und ca. 4-5 m lang, zu einem Möbiusband formen und fest verkleben. Stabiler wird das Ganze, wenn statt einer zwei Bahnen sandwichartig zusammengeklebt werden.

Als Wägelchen eignen sich Schuhkartons, die entsprechend bunt beklebt werden. Natürlich sitzen die Papierpüppchen fest auf ihren Sitzen.

Die Schreckensfahrt wird begleitet vom Geheul aller Mitfahrer, vor allem an der Stelle, an der das Wägelchen außen entlang fährt.

Wir sind mit den Kindern auf ein Phänomen gestoßen, das wir zwar mit unserer „Erwachsenen-Wissenschaftslogik" erklären können, das aber schon seinen Erfinder, den Mathematiker Möbius (1790-1859), faszinierte – und so erleben es auch die Kinder.

Möbius lehrt uns, daß ein solchermaßen geklebtes Band nur einen *einzigen* Rand hat. Wer es nicht glaubt, braucht nur an einer Stelle beginnen und mit dem Finger entlang fahren – er wird wieder an der gleichen Stelle landen.

Fesseltrick und Kettenwunder

„Was passiert, wenn...?"

Das Möbiusband hat noch längst nicht alle seine Geheimnisse preisgegeben.

Mit einer Schere können wir es in Längsrichtung zerschneiden.

Eigentlich müßten ja zwei Ringteile entstehen. Mitnichten!

Abb. 68/69: Faszination einer im UV-Licht „bewegten Blumenwiese“. Text S. 114

Abb. 70: Zauberhaftes Möbiusband

Ein einziger doppelt so großer Ring entrollt sich nach dem letzten Schnitt.
Ein mit einem Möbiusband am Bein Gefesselter kann so mühelos aus dem vergrößerten Ring herausschlüpfen – ein wunderbarer Zaubertrick!
Noch toller wird das Möbiusgeheimnis, wenn wir den Ring in drei Bahnen zerschneiden wollen, also eigentlich zwei durchgehende Schnitte machen müßten. Was dabei passiert, muß man unbedingt selbst ausprobieren. Es sei nur verraten, daß ein kleines Kettenwunder entstehen wird.

Bruno Wendnagel

Lichttheater

Mit Licht verbinden wir gedanklich meist das Sonnenlicht, durch das unsere Augen erst zum Sinnesorgan werden.
Goethe bezeichnete sie als „sonnenhaft“, also dem Licht zugewandt. Licht ist für den Menschen existenziell, und tatsächlich versetzt uns, neben der Bewegung, das Licht am meisten in Aufmerksamkeit.
Wir gehen z.B. in abgedunkelten, uns unbekannten Hotelzimmern als erstes zum Fenster oder Balkon und sind fasziniert von einem Lichtstrahl, der durch das Schlüsselloch fällt.
Mehr noch als durch das weiße, gleißende Licht, das wir sogar als schmerzhaft empfinden, etwa in einer Schneelandschaft mit hellem, nebeldiffusem Licht, werden unsere Sinne durch farbiges Licht angeregt. Hierbei ist das farbig durchscheinende Licht, etwa bei einer Leuchtreklame oder bei einem Fernsehschirm, wesentlich intensiver als die von einer Oberfläche reflektierten Lichtstrahlen, die wir je nach Wellenlänge als gelb, blau usw erkennen.
Die Physiker unterscheiden diese beiden Lichtreize als Kennzeichen von additiven und subtraktiven Farben.

Licht und farbiger Schatten

Zu dem folgenden höchst rätselhaften Experiment benötigen wir zwei Diaprojektoren, mehrere einfarbige Dias und eine Projektionswand.
Im abgedunkelten Raum bestrahlt der eine Projektor das Motiv (z.B. Maske, Puppe, Mensch) im schrägen Winkel zur Projektionswand. Wir haben z.B. ein rotes Dia eingeschoben. Auf der hierdurch rot erscheinenden Projektionswand wird neben der davorstehenden, ebenfalls rot beleuchteten Figur, ein schwarzer Schatten sichtbar. Vgl. Abb. S. 57.
Auf einen „geheimnisvollen Zauberspruch“ hin wird der im rechten Winkel zum ersten stehende zweite Projektor eingeschaltet. Er strahlt nur weißes Licht aus. Aber – zu unserer Verblüffung – ist der zweite Schatten an der Leinwand nicht schwarz, sondern grün. Eine rot bestrahlte Figur kann somit sowohl einen schwarzen als auch einen grünen Schatten werfen!
Bei Bewegung und Veränderung des Projektionsstrahls entstehen faszinierende Überschneidungen und farbige Veränderungen.

Die Kinder können die Experimente noch variieren, z.B. durch andersfarbige Dias (nach den Gesetzen der Optik wird bei blauem Licht ein orangefarbener und bei gelbem Licht ein violetter Schatten entstehen).
Wir sollten jedoch über unser physikalisches Wissen nichts verraten und somit die kindliche Neugierde anspornen.
Wären wir – ganz ehrlich – in der Lage, dieses Phänomen genau zu erklären?

Das Geisterbild

Als Vorbereitung benötigen wir diesmal wieder einen Diaprojektor, einen abgedunkelten Raum,

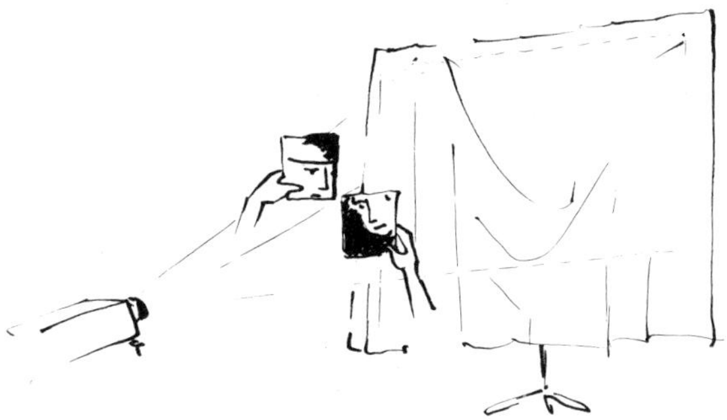

eine Projektionswand und ein schwarzes Moltontuch. Wir kennen es bei der Bühnenbespannung im Theater als Lichtschlucker.
In den Projektor wird ein Dia mit einem gewünschten Motiv eingeführt. Die Linse des Projektors ist auf einen Schärfepunkt ca. 2 Meter vor der Projektionswand eingestellt.
Diese ist sorgfältig mit schwarzem Molton verhängt, also unsichtbar (Vorsicht! – die dahinterliegende Wand sollte nicht reflektieren).
Wir bitten jetzt die Kinder, kleine weiße Zettel (oder Bierdeckel) in den eingeschalteten Lichtstrahl auf Höhe der Scharfeinstellung zu halten. Was gibt es zu entdecken?
Das Motiv des Bildes kann prismenartig zerlegt werden. Auf den kleinen weißen Zetteln oder Bierdeckeln, die wie kleine Reflektoren wirken, wird z.B. ein Gesicht, eine Landschaft, ein Tier, eine Pflanze usw. deutlich sichtbar. Somit können wir ein Detail des Bildes herausheben und in unserem imaginären Bild auf Forschungsreise gehen.
Auf diesen Bildern kann man einzelne Personen abwechselnd erscheinen und miteinander sprechen lassen.

Bevor man das gesamte Bild wieder auf der vom Moltontuch befreiten Projektionswand scharf einstellt, kann man die einzelnen Ausschnitte auch als Motiv für eine Theaterdarstellung oder eine bildnerische Arbeit vorstellen.
Die anschließende gemeinsame Betrachtung des Originals ist dann sehr spannend. Die Kinder werden jetzt in der Lage sein, eine unglaubliche Fülle an Bilddetails zu erkennen.

Im Feenwald

Wir bleiben bei unserer Diaprojektion, gehen aber diesmal ins Geheimnisvolle.
Das schwarze Moltontuch verdeckt wieder die Projektionswand; als Diamotive haben wir die verschiedenartigsten farbigen Strukturen ausgewählt: z.B. Herbstwald, Blumenbilder, Baukräne, Korallenfische in Großaufnahme usw.
Die Kinder verkleiden sich mit weißen Tüchern, die sie wie Fledermausflügel bewegen können. Mit einer flatternden Bewegung, am besten im Rhythmus einer Musik, treten sie dann einzeln in den Lichtstrahl und werden so zu geheimnisvollen Wesen aus dem Feenreich.
Ein seitlich aufgestellter weiterer Projektor kann die Illusion noch steigern.

Es zeichnet eine Geisterhand

Hierzu genügen ein einfacher Overheadprojektor, Overheadfolien und pastose Farbe (z.B. Dispersionsfarbe, Kleisterfarbe u.ä.) oder Wachskreiden.
Eine Transparentfolie wird großzügig mit Farbe bedeckt und auf die Leuchtscheibe des Over-

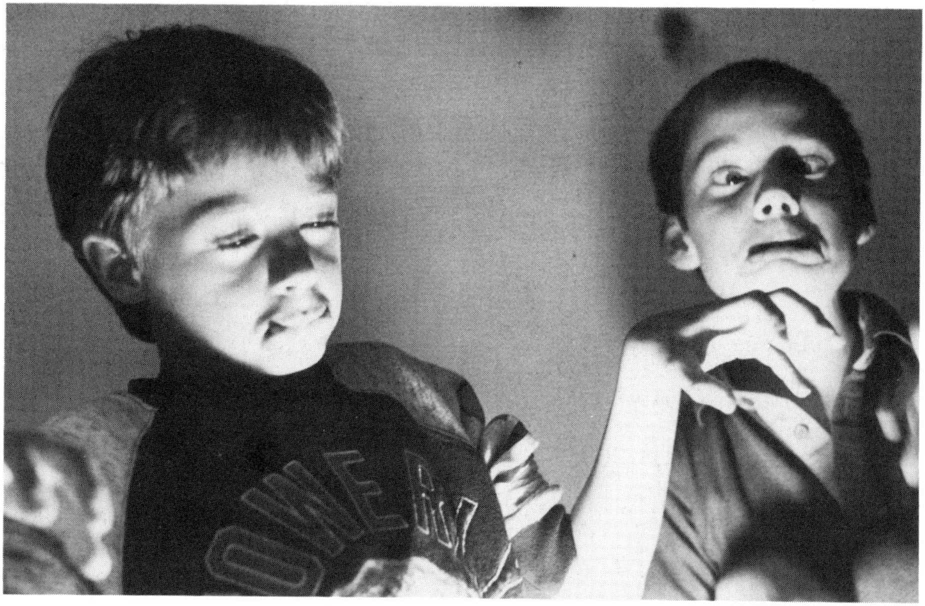

Abb. 71: Licht und Schatten verstärken die theatralische Wirkung.

headprojektors gelegt; sie dient als Tafel. Mit einem umgedrehten Pinselstiel oder Malstift kann man nun eine helle Lichtspur zeichnen. Die pastose Masse gibt auf der glatten Folie ganz leicht nach, so daß die Kinderhand mit großem Schwung den Zeichenstift führen kann und ohne Widerstand geheimnisvolle Zeichnungen auf die Wand projiziert werden.

Faszinierend daran ist der Prozeß der sich entwickelnden Zeichnung. Mal locker, mal zögernd entstehen z.B. eine Lichtfigur, ein Ornament aus Schlangenlinien oder ein einsam im dunklen Raum schwebender Stern.

Ein leichtes Übermalen gibt die Tafel frei für den nächsten Versuch. Wenn wir aber ein Motiv festhalten wollen, kann die Zeichnung auf der getrockneten Folie fotokopiert werden.

Feinere Motive lassen sich mit Wachskreiden erzeugen. Die Folie wird damit dicht zu einer Fläche schraffiert. Mit einem Bleistift kann man dann die gewünschte Zeichnung eingravieren, ähnlich wie bei den Wachstäfelchen in der Antike. Die so entstandenen Zeichnungen mit ihren feinen Linien ähneln z.B. den Stierkampf-Radierungen Picassos.

Die einzelnen Folien mit den Zeichnungen kann man übereinanderlegen; so entstehen phantastische Lichtspiele. – Wenn die Zeichnungen größere freigeschabte Flächen enthalten, kann man Farbfolienteile unterlegen, um so eine Farbfensterwirkung zu erzielen.

Abb. 72 a-d: Viermal Brigitta: Auf die Beleuchtung kommt es an!

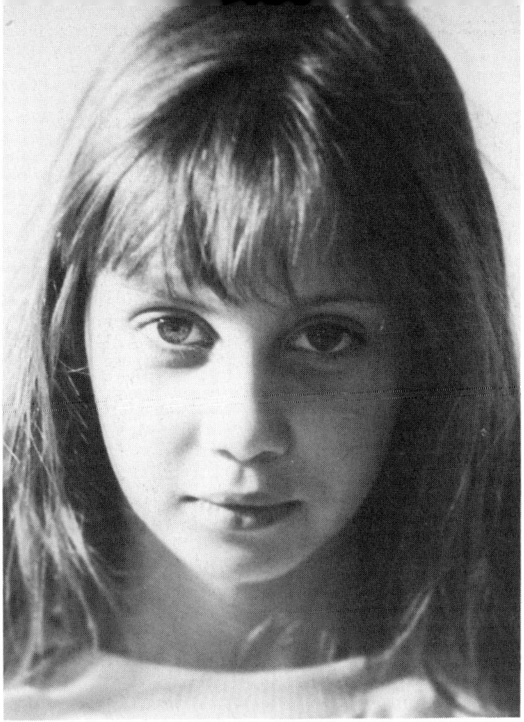

Heike Hauck

Geheimnisvolles Licht

Unsere Hortkinder kennen die faszinierende Wirkung einer UV- oder Schwarzlichtlampe. Es begeistert sie, wie Farben sich in einem verdunkelten Raum verändern und wie weiße Flächen plötzlich lila-bläulich zu strahlen beginnen.
Sie holen sich die Lampe häufig im Freispiel, um beispielsweise ihr großes Kartontheater mit dem 'Zauberlicht', wie sie es nennen, zu illuminieren.
Da werden ihre Fadenmarionetten zu geheimnisvollen Gespenstern, und mit entsprechender Musik untermalt ist die Illusion perfekt.
Allein sich gegenseitig in diesem Licht zu betrachten, ist lustig.
„Deine Augen sehen jetzt aber gruselig aus!" – „Du hast ja Draculazähne." Mimik und Gestik werden dementsprechend ausprobiert.
Aus weißem Karton ausgeschnittene große Sterne, an den Händen oder an Handschuhen befestigt, werden zum Himmel mit tanzenden Sternen, wenn mehrere Kinder mitmachen (Blumen – Blumenwiese usw., Abb. S. 108).
Freude an Bewegung und Effekten haben die Kinder auch beim Spiel mit fluoreszierenden Perlonschnüren (Elektrohandel, Farbabb. S. 121).
Bei diesen Spielaktionen ist die Auswahl von passender Musik wichtig. Die Fähigkeit der Kinder, spontan auf akustische Reize zu reagieren, wird gefördert.
Es wird für sie zu einem lustvollen Erlebnis, Klangereignisse kreativ umzusetzen und dabei allein oder im Miteinander in der Gemeinschaft so ungewöhnliche und reizvolle Eindrücke für das Auge zu schaffen.

Ich hatte wasserlösliche Fluorfarben gekauft (Firma Berol). Laut Beschreibung sind sie für Kinder geeignet. Mit ihnen lassen sich alle möglichen Materialien bemalen und nach unseren Erfahrungen auch Hände.
Nach einem turbulenten Vormittag im Freien hatten die Kinder nun Lust auf eine schöne, ruhige Beschäftigung. Auf meine Frage, ob sie heute mit den neuen Farben ihre Hände bemalen wollten, reagierten sie begeistert. Also half jeder schnell bei der Vorbereitung unserer Malaktion mit. Dann setzten wir uns gemütlich auf Matratzen und Wolldecken in unsere Leseecke, und ich legte eine Musikkassette ein ('l'Apokalypse des Animaux' von Vangelis Papathanassiou). Ich wählte eine ruhige Passage, die zum Träumen anregt. Die Kinder lauschten interessiert. Gülsah legte ihren Kopf gegen Melanies Schulter und seufzte: „Schön!" So empfanden auch die anderen.

Über die Musik brauchten die Kinder nicht viele Worte zu machen, sie war „einfach schön".
Dieser Stimmung entsprechend fielen auch die Bemalungen aus.
Gülsah bemalte ihre Hände mit verschiedenfarbigen Zeichen: Kreise, Wellen, Punkte und Zick-Zackmuster. Auch die anderen Kinder ließen ihrer Phantasie freien Lauf.
„Die Farbe ist toll!" meinte Serkant. Seine Hand bekam eine großzügige Bemalung in grün und blau. Jeder war am Ende zufrieden mit seinem 'Handwerk'.

Die Farben mußten nun trocknen. Die Kinder gingen hinaus in die Sonne und betrachteten die phantasievoll bemalten Hände der anderen.
Ich verdunkelte inzwischen den Gruppenraum, schob Tische und Stühle beiseite und stellte die Schwarzlichtröhre in der Mitte des Zimmers auf den Boden.
Die Kinder kamen zur Tür herein. War das eine Begeisterung: „Das sieht ja irre aus! Orange sieht aus wie Feuer!“, staunte Carlo. „Gülsahs Muster sehen aus wie magische Zeichen!“, rief Melanie.
Die Kinder brauchten eine ganze Weile, um ihrer Überraschung Ausdruck zu verleihen.
Nun konnte die Traummusik beginnen. Alle standen so, daß jeder jeden gut sehen konnte. Was folgte, war für uns ein wirklich traumhaftes Erlebnis.
Mit ruhigen, großräumigen Bewegungen beschrieb jedes Kind die Vorstellung seines persönlichen Traumes mit den Händen, den Armen, ja, mit dem ganzen Körper, und auch in ihren Gesichtern spiegelten sich ihre Empfindungen wider.

Ludwig Lambrecht

Es kommt auf die „Riech-tung“ an

Stellen Sie sich eine Welt ohne Gerüche, ohne Aroma, ohne Würze vor! Kein Kaffeegeruch, kein Regenduft, nie mehr Lebkuchengewürz, kein Lockduft der Kräuter oder Blüten – einfach schrecklich, auch wenn damit Benzingeruch, Klodüfte, Faulgestank und Zimmermief verschwinden. Wir würden aussterben, denn bekanntlich geht auch die Liebe nicht durch den Magen, sondern erst durch die Nase, unser „prominentestes“ (herausragendes) Sinnesorgan. Gerüche reizen uns zum Leben. Picasso war von der Hebamme bereits aufgegeben, als ihn der Großvater „instinktiv“ mit Zigarrenrauch anhauchte. Dies weckte seine Lebensgeister. Bereits unser Schöpfer hat uns angeblich durch die Nase den göttlichen Hauch eingeblasen und uns so zu Menschen gemacht. Die Römer sagten: „Solange ich atme, hoffe ich.“ Somit ist also die Nase ein Hoffnungsträger, und das Riechen senkt sich mit seinen Wurzeln in früheste Erinnerungstiefen. Der Geruchssinn ist der „tiefreichendste, älteste, umfassendste Sinn und durch diese Eigenschaft *der* Sinn in den übrigen Sondersinnen“ (Hugo Kükelhaus).
Dies bestätigt auch die Sprache. Im Italienischen bedeutet sapere sowohl wissen, kennen als auch riechen, schmecken. Sapore ist der Duft, der Geschmack, die Würze – sapienza ist die Weisheit. Das gotische „snutrs“ meinte „scharfwitternd“, aber auch klug und weise (snu, schnaufen, schnuppern). Sich beschnuppern regelt unser soziales Zusammenleben,

Abb. 73: Riechen ist intensivste Wahrnehmung.

und Frauen sind besonders begabt, wenn es darum geht, den „Riech-tigen“ zu finden. Selbst Ungeborene trainieren bereits ihren Geruchssinn. Duftstoffe, mit der Nahrung von der Mutter aufgenommen, prägen im Fruchtwasser den Embryo und bereiten ihn auf die spätere Umwelt vor. Die Aromatherapie bestätigt die belebende, beruhigende, aufheiternde, erotisierende, heimatstiftende Wirkung von Wohlgerüchen. Jeder hat seinen „Stallgeruch“, bedingt durch Ernährung und Lebensgewohnheiten. Wer nicht riecht, ist praktisch nicht existent, nicht wahrnehmbar (siehe Roman von P. Süskind „Das Parfüm“). Andererseits prüfen wir mit der Nase, ob wir sicher sind (kein Brandgeruch, kein Geruch von Arbeit...), genug Sauerstoff haben, Nahrungsmittel reif, genießbar, süß sind, Mitmenschen sauber und gut aufgelegt sind (kein Angstschweiß, stattdessen Lockhormone). Wohlgerüche schaffen Wohlbefinden. Kinder lieben besonders den Geruch von Mandarinen, Vanille, Zimt, Kakao, Rosen und Honig. Selbst hyperaktive Zappler sind damit beruhigbar (M. Henglein). Düfte haben auch Heilkraft, muntern auf und fördern die Kreativität (z.B. Zitrone, Orange, Bergamotte), Lemongrass, Limette und Myrthe fördern die Zusammenarbeit. Im Kindergarten gibt es viele Möglichkeiten, den Riechsinn spielerisch zu fördern, Gerüche stimulierend einzusetzen.

„Kein Tag ist glücklich ohne Wohlgerüche“ (ägypt. Sprichwort). Die alten Ägypter reichten vor dem Essen einen appetitanregenden Duftbecher herum.

Komponieren Sie mit den Kindern anregende Bechermischungen, benützen Sie Duftlampen zur Schaffung einer gemütlichen Atmosphäre. Machen Sie Riech- und Schmeckspiele beim Waschen (Seifenaroma) und beim Essen, bei Spaziergängen und beim Märchenerzählen und -nachspielen („Zwerg Nase“).

Basteln Sie duftende Tinten und Schreibpapier, Duftsäckchen, Aromakissen, Gewürzsträußchen, Kräuterbündel und Duftkugeln. Besonders beliebt ist die Herstellung von parfümierten Kerzen und Duftgirlanden. Der Joker-Spieleverlag hat sogar ein „Smellorg“ herausgebracht, mit 32 vorrangig fruchtigen Düften. Ergänzend könnte ein „Sockenriechwettbewerb“ sein oder

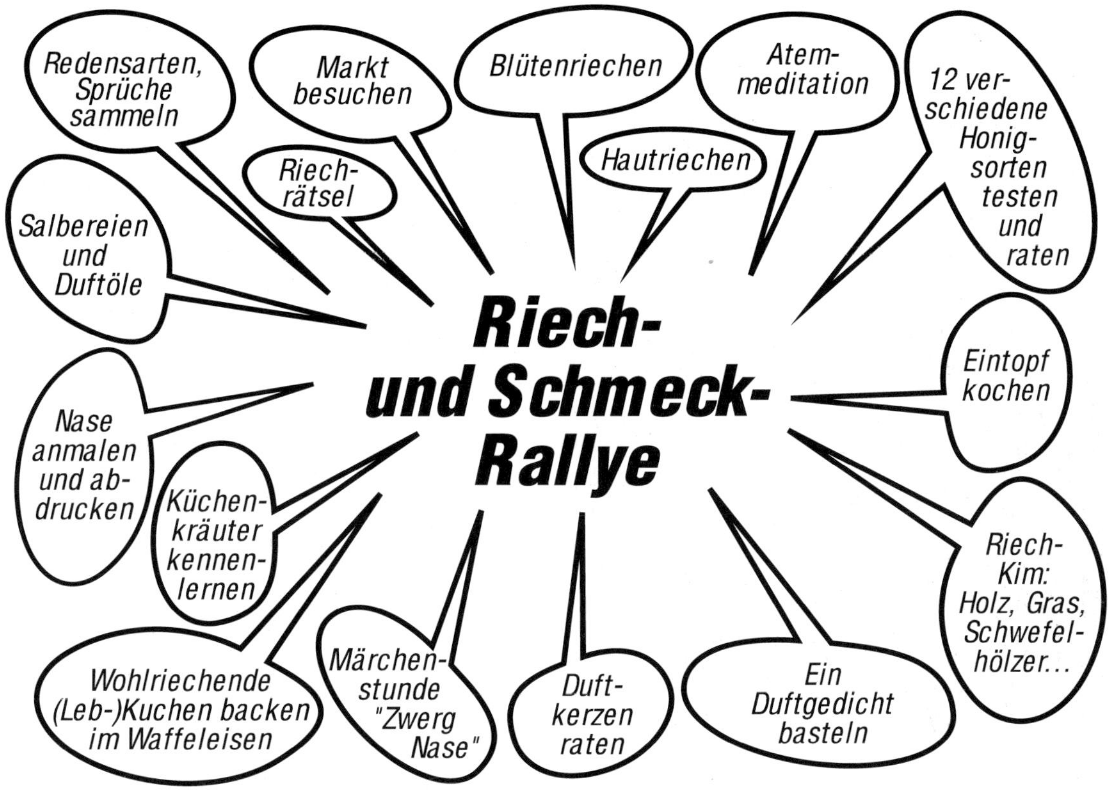

eine Phantasieriechreise. Düfte berühren unser Herz, wenn sie echt sind.

Immer häufiger werden echte Aromen durch „naturidentische“, künstliche Ersatzstoffe verdrängt. Testen Sie mit den Kindern echte und künstliche Düfte (Backaroma, Geschmacksverstärker, Billigparfüm...). Nach einiger Erfahrung kann man alle Spiele zu einer „Riech- und Schmeckrallye“ gestalten, kombiniert mit Rätseln und Fragen zum Thema „Riechen und Schmecken“. Wenn es geht: barfuß draußen, denn wie sagte schon Jacob Böhme: „Geh auf eine Wiese, du wirst kein Buch finden, da du göttliche Weisheit könntest mehr inne finden zu forschen, als wenn du auf eine blühende Wiese gehst, da wirst du die wunderliche Kraft Gottes riechen und schmecken, wiewohl es nur ein Gleichnis ist.“

Zum Weiterlesen

Wolfgang Löscher: **RIECH- und SCHMECK-Spiele,** Don Bosco Verlag, München 1992[4]

Herbert Österreicher

Ein Tast- und Riechpfad im Garten

Wer gerne spazierengeht, weiß, daß unsere Aufmerksamkeit von vielen recht unterschiedlichen Wahrnehmungen gefesselt wird: Licht und Wärme oder schattige Kühle, eine „Duftwolke", die Beschaffenheit des Weges, Geräusche vielfältigster Art.

Nicht immer nehmen wir diese Eindrücke wirklich wahr, trotzdem beeinflussen sie unsere Stimmung, machen uns auf eine unbestimmte Weise heiter oder melancholisch. Und manchmal passiert es sogar, daß wir plötzlich etwas riechen, das uns an längst Vergangenes erinnert: Ganz deutlich sehen wir dann ein Ereignis vor uns, an das wir Jahre oder Jahrzehnte nicht mehr gedacht haben, eine Erinnerung, die nur durch einen ganz bestimmten Duft, ein seltsames Zusammentreffen einiger Sinneseindrücke wieder geweckt werden konnte.

Solche Erlebnisse können wir nicht steuern, und vielleicht ist das auch gut so. Aber wir können

Skizze einer Teilansicht der nebenstehenden Entwurfsplanung: Weg-Querschnitt unmittelbar vor der Steinsäule

Legende zum Entwurf

 Rasen

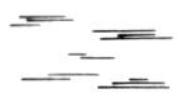 gestampfter Lehm

 Rundhölzer in unterschiedlicher Verlegung

 Stirnholz-Pflaster

 Kleinsteinpflaster

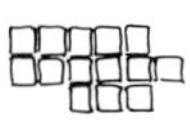 Großsteinpflaster

 Natursteinplatten

 rundliche, abgeflachte Flußkiesel („Bummerl")

 Sand (wassergebunden)

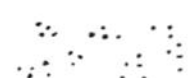 Splitt

 Kies (z.B. 16/32)

Bodendecker (trittfeste Pflanzen)

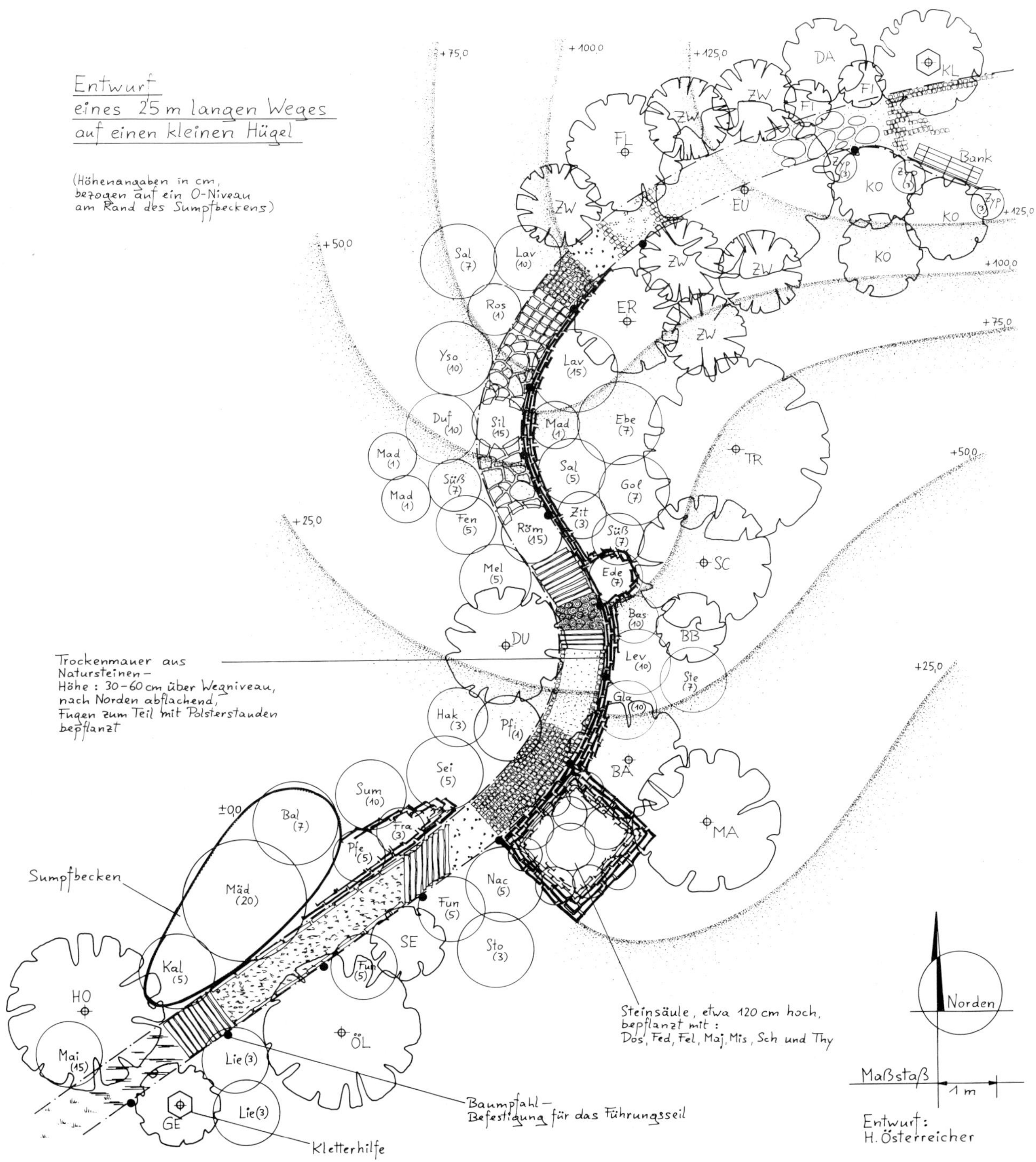

Entwurf
eines 25 m langen Weges
auf einen kleinen Hügel
(Höhenangaben in cm, bezogen auf ein 0-Niveau am Rand des Sumpfbeckens)
+75,0
+100,0
+125,0
+50,0
+25,0
±0,0
DA
KL
FI
ZW
FL
Bank
Zyp (3)
KO
EU
+125,0
+100,0
+75,0
+50,0
+25,0
Sal (7)
Lav (10)
Ros (1)
ER
Yso (10)
Lav (15)
Duf (10)
Sil (15)
Mad (1)
Ebe (7)
TR
Sal (5)
Gol (7)
Süß (7)
Fen (5)
Zit (3)
Röm (15)
Süß (7)
SC
Mel (5)
Ede (7)
Bas (10)
BB
DU
Lev (10)
Ste (7)
Gla (10)
Hak (3)
Pfi (1)
BA
Sei (5)
Sum (10)
Bal (7)
Fra (3)
Pfe (5)
MA
Nac (5)
Mäd (20)
Fun (5)
SE
Sto (3)
Kal (5)
HO
ÖL
Mai (15)
Lie (3)
GE
Trockenmauer aus Natursteinen – Höhe: 30–60 cm über Wegniveau, nach Norden abflachend, Fugen zum Teil mit Polsterstauden bepflanzt
Sumpfbecken
Steinsäule, etwa 120 cm hoch, bepflanzt mit: Dos, Fed, Fel, Maj, Mis, Sch und Thy
Baumpfahl – Befestigung für das Führungsseil
Kletterhilfe
Norden
Maßstab
1 m
Entwurf: H. Österreicher

unsere Umgebung so gestalten, daß wir einer großen Vielfalt an Sinneseindrücken und Wahrnehmungsmöglichkeiten begegnen, einer Vielfalt, die aber auch ein harmonisches Ganzes bedeutet und uns hilft, uns zu entspannen, zu erinnern, zu genießen.
Es ist viel mehr als die bloße Anlage eines Weges, wenn nun versucht werden soll, ein Stück eines Gartenweges so zu gestalten, daß alle unsere Sinne angesprochen werden. Eine abwechslungsreiche Folge unterschiedlicher Wegmaterialien ist hier ebenso reizvoll wie eine möglichst große Artenvielfalt an Gehölzen, Stauden und einjährigen Pflanzen. Auch die Lage eines solchen Weges im Gelände ist nicht unerheblich: Die Sonneneinstrahlung beeinflußt wesentlich die Entwicklung und Entfaltung vieler Pflanzendüfte. Und natürlich wollen Standortansprüche und Platzbedarf der einzelnen Pflanzen ebenso berücksichtigt sein wie ihre nachbarschaftlichen Beziehungen.
Es ist aber gut vorstellbar, daß der hier vorgestellte Entwurf – so er in dieser Form umgesetzt werden sollte – im Lauf der Jahre noch ein ganz interessantes Eigenleben entwickelt: Manche Pflanzen beginnen vielleicht zu wandern, andere machen sich breiter als vorgesehen und „beherrschen" schließlich einen beachtlichen Teil der Anlage, „Fremdlinge" kommen hinzu und erobern sich einen ihnen zusagenden Platz. Was davon zugelassen werden kann, müssen wir entscheiden – spannend ist es allemal.

Das Führungsseil verläuft in etwa 70 cm Höhe über Wegniveau. Zur Befestigung dienen eingeschlagene Baumpfähle, direkt an den Weg gepflanzte Bäume oder auch feste Halterungen an Steinsäule und Trockenmauer.

Pflanzplan Gehölze

BA	Bauernjasmin, Philadelphus coronarius
BB	Bartblume, Caryopteris x clandonensis 'Kew Blue'
DA	Damaszenerrose, Rosa x damascena 'Trigintipetala'
DU	Duft-Schneeball, Viburnum x carlcephalum
ER	Erdbeer-Gewürzstrauch, Calycanthus floridus
EU	Eukalyptus, Eucalyptus perriniana (Winterschutz insbesondere bei Jungpflanzen wichtig!)
FI	Fingerstrauch, Potentilla fruticosa 'Goldfinger'
FL	Flieder, Syringa vulgaris 'Andenken an Ludwig Späth'
GE	Geißblatt/Heckenkirsche, Lonicera x heckrottii 'Goldflame'
HO	Holunder, Sambucus nigra
KL	Kletterrose, Rosa 'New Dawn' oder 'White Cockade'
KO	Kohlrose, Rosa centifolia 'Muscosa' oder 'Parkjuwel'
MA	Magnolie, Magnolia liliflora 'Nigra'
ÖL	Ölweide, Elaeagnus multiflora
SC	Schmetterlingsstrauch, Buddleia davidii 'Purple Prince'
SE	Seidelbast, Daphne mezereum (stark giftig!)
TR	Traubenkirsche, Prunus padus 'Albertii'
ZW	Zwergkiefer, Pinus mugo 'Gnom'

Abb. 74: Licht fällt duch einen Stein (hier durch einen Doppelspat).
Abb. 75: Fluoreszierende Perlonschnüre im Schwarzlicht (vgl. Text S. 114).

Pflanzplan Stauden

Bal	Baldrian, Valeriana officinalis
Dos	Dost / Wilder Majoran, Origanum vulgare
Ebe	Eberraute, Artemisia abrotanum
Fed	Federnelke, Dianthus plumarius (in Sorten)
Fel	Felsen-Steinrich, Alyssum saxatile
Fun	Funkenlilie, Hosta plantaginea var. grandiflora
Glo	Glockenblume, Campanula poscharskyana
Gol	Goldgarbe, Achillea filipendulina 'Parker'
Hak	Hakenlilie, Crinum x powellii 'Harlemense' (leichter Winterschutz erforderlich!)
Kal	Kalmus, Acorus calamus
Lav	Lavendel, Lavandula angustifolia
Lie	Liebstöckel, Levisticum officinale
Mad	Madonnenlilie, Lilium candidum
Mäd	Mädesüß / Spiere, Filipendula ulmaria
Mai	Maiglöckchen, Convallaria majalis (giftig!)
Mel	Melisse / Zitronenmelisse, Melissa officinalis
Mis	Missouri – Nachtkerze, Oenothera missouriensis
Nac	Nachtviole, Hesperis matronalis
Pfe	Pfefferminze, Mentha x piperita
Pfi	Pfingstrose, Paeonia officinalis (in Sorten)
Röm	Römische Kamille, Anthemis nobilis
Ros	Rosmarin, Rosmarinus officinalis (muß frostfrei überwintert werden!)
Sal	Salbei, Salvia officinalis
Sei	Seidenpflanze, Asclepias syriaca (leichter Winterschutz sinnvoll!)
Sil	Silberraute, Artemisia schmidtiana 'Nana'
Ste	Sterngladiole, Acidanthera bicolor var. murielae (Zwiebeln frostfrei überwintern!)
Sto	Stockrose, Alcea rosea (in Sorten)
Süß	Süßgarbe, Achillea ageratifolia
Sum	Sumpfgarbe, Achillea ptarmica
Thy	Thymian, Thymus vulgaris
Yso	Ysop, Hyssopus officinalis
Zyp	Zypressenkraut, Santolina chamaecyparissus

Pflanzplan Ein- und Zweijährige:

Bas	Basilikum, Ocimum basilicum
Duf	Duftresede, Reseda odorata
Ede	Edelwicke, Lathyrus odoratus (in Sorten)
Fen	Fenchel, Foeniculum vulgare (Gewürzfenchel)
Gla	Goldlack, Cheiranthus cheiri (in Sorten)
Lev	Levkoje, Matthiola incana
Maj	Majoran, Majorana hortensis
Sch	Schleifenblume, Iberis amara (samt sich gut selbst aus)
Zit	Zitronen – Verbene, Lippia citriodora

Die Zahlenangaben hinter den Pflanzen-Kürzeln auf dem Entwurfs-Plan entsprechen einer vorgeschlagenen Stückzahl für die jeweilige Pflanzstelle.

Oft sind bei den oben aufgeführten Pflanzen bestimmte Sorten genannt: Hier handelt es sich i.d.R. um besonders gute Auslesen oder Züch-

Abb. 76/77: Tastpfade im Garten und innen

tungen, und es sei keinesfalls ausgeschlossen, daß auch andere Sorten in Frage kämen.
Wer nähere Auskünfte über das Anlegen eines Duftpfades wünscht, wende sich bitte an die folgende Adresse:

Herbert Österreicher,
Bechsteinstr. 4,
80804 München,
Tel. 089/3086185

Bruno Wendnagel

Naturhäuser

Eine indische Weisheit nennt uns die drei wichtigsten Lebensziele des Menschen: ein Kind großziehen, einen Baum pflanzen und ein Haus bauen. Gemeint ist die Fürsorge für das eigene Erbe und die Weitergabe des Erbes der Natur. Das Haus wird somit zum Bestandteil unserer Natur. Ein Künstler unserer Tage, Friedensreich Hundertwasser, erinnert uns mit seinen Botschaften daran und gibt uns durch seine Wiener Häuser ein Beispiel.

Kinder handeln wie Menschen aus der Frühgeschichte:

Alles aus der Natur, was sich durch Flechten, Biegen, Bündeln zu einem Raum formen läßt, wird zum Hüttenbauen verwendet.

Wir müssen der Sehnsucht unserer Kinder nachgehen, deren Umgebung immer mehr von Stein, Beton, Glas, Stahl und PVC geprägt ist, und mit ihnen das Ideal ihres Naturhauses verwirklichen.

Die ersten gemeinsamen Architekturskizzen, die am besten im Kreis kniend mit Kreide auf Packpapier gezeichnet werden, müssen noch alle Phantasiewünsche berücksichtigen, z.B. den Hasenstall im 1. Stock, Gras auf dem Dach, einen Wasserfall u.a.

Statische Experimente mit Dachleisten helfen weiter. Mit Schaschlikspießchen und Plastilinkugeln läßt sich so ein Hausgerippe als Modell anschaulich machen. Die passende Größe kann festgelegt werden. Die als Bauassistent fungierende Person sollte dann mit den Kindern die Umsetzung vornehmen (Skizzenbeispiele).

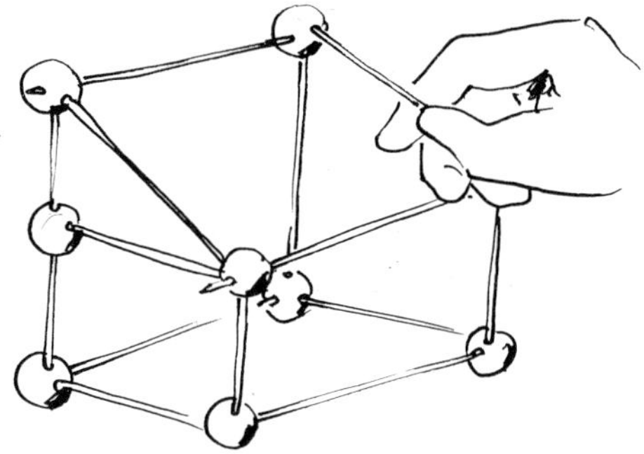

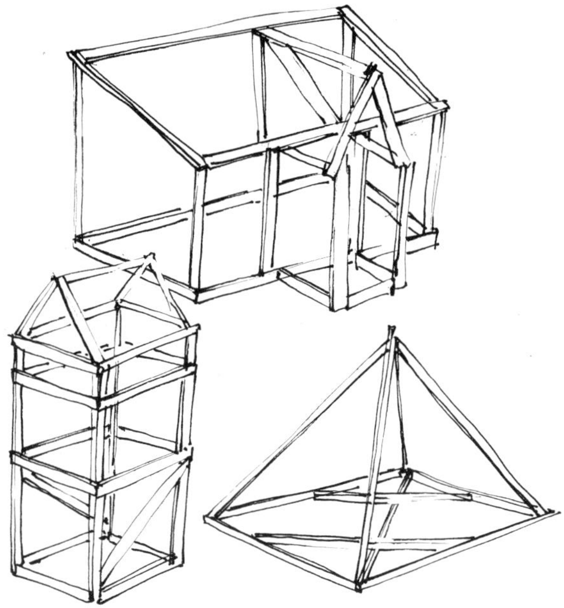

Brauchbare Verbindungen erhält man durch das Verschrauben von Spaxschrauben; am besten mit einer Bohrmaschine und Schraubeinsatz.

Naturmaterial für unser Haus ist überall leicht erhältlich: Äste und Laubwerk, Schilfmatten und alte Gartenzäune, Strohmatten, Erde, Lehm,

Abb. 78: Naturhäuser sind nicht nur für Junge(n) eine herrliche Sache und vermitteln ein starkes Gefühl von „Unabhängigkeit".

Kieselsteine, Schwartenholz; all das kann man in der Regel in Vorgärten, Großgärtnereien oder bei kommunalen Parkverwaltungen bekommen. Wir benötigen aber auch statisches Material wie dünnes Sperrholz (z.B. Pappel, 3 mm), Hartfaserplatten, Hasendrahtgitter, Sisalschnüre (viele, viele Meter), Blumendraht etc.

Als Werkzeug und Kleinmaterial unerläßlich sind Hammer, Zangen, Fuchsschwanz und Puksägen, Tacker, Drahtstifte und auch Farbe in Kübeln, Papierteller als Malpaletten und große Pinsel (Heizkörperpinsel).

Das Werkzeug am besten satzweise in einem Behälter ausgeben, damit es nicht verloren geht.

Auch wenn sie nicht ganz fertig sind, kann man in unseren Naturhäusern schon wunderbar wohnen, spielen, Brotzeit machen. Vielleicht ist noch etwas Material übrig geblieben für Anbauten, Stallungen, Stadterweiterungen u.ä.

Zur Idylle unserer Naturhäuser gehören blühende Blumen; vielleicht findet sich eine nahe gelegene Gärtnerei als Spender.

So ein Bauherrenmodell sollte aus einer Gruppe von 3-4 Kindern bestehen. Größere Gruppen sollten von vornherein eine kleine Phantasiestadt bauen: mit Türmen, Toren, Sonnen-, Stern-, Kreuz- und Treppenhäusern, einem Stall für große Tiere, Brunnen und Basiliken.
Ein Brotzeitstand auf der Baustelle für die Kinder darf nicht fehlen.

Hautgefühle

Im Alltag bedienen wir uns der Leistungsmöglichkeit unserer Sinnesorgane, ohne uns über ihr Funktionieren im klaren zu sein. Wir sehen, hören, tasten, riechen etc., ohne uns dieser Tätigkeit jedesmal bewußtzuwerden. Wir sind uns in der Regel auch nicht bewußt, daß meist unser Auge dominiert (der Mensch ist ein „Augentier").
Das Tastvermögen setzen wir oft erst dann ein, wenn wir überprüfen wollen, ob evtl. der Augenschein trügt. Z.B. gibt es Folien, die täuschend echt wie Marmor aussehen. Erst durch Darüberstreichen stellen wir fest, daß es sich nicht um Marmor handelt (Marmor ist übrigens „kalt", so kann man z.B. echte von unechten Säulen etwa in Kirchen unterscheiden).
Sehen und Hören sind die bevorzugten Sinnestätigkeiten im Alltag, also auch im Kindergarten und in der Schule. Ungewohnt sind daher für normalsichtige Kinder Situationen, in denen sie sich bei geschlossenen oder verbundenen Augen nur mit dem Tastsinn orientieren müssen.
„Die Tasteigenschaften der Umgebung sprechen uns nicht wie ihre Farben spontan an, sie sind stumm, wenn wir sie nicht zum Reden bringen. Wir erzeugen quasi durch unsere Muskeltätigkeit Eigenschaften wie Rauhigkeit und Glätte, Härte und Weichheit, wir sind wirklich die Schöpfer dieser Qualitäten. Tasten heißt durch eigene Tätigkeit (z.B. durch Streicheln) eine besondere Klasse von Körpereigenschaften ins Leben zu rufen" (D. Katz).
Beim Tasten wird uns besonders deutlich, daß Sinneswahrnehmungen nicht nur der Orientierung der Erkenntnis und der produktiven Auseinandersetzung mit der Welt dienen, sondern daß sie uns auch ermöglichen, unseren Leib genießend zu erleben. Man beobachte Kinder, wie sie genießerisch über ein Katzenfell streichen. Auch in der Sprache kommt ein Teil des Tastgenusses zum Ausdruck, man denke an Wörter wie kuschelig, flauschig, samtig, weich, mollig, anschmiegend...
Eindrucksvoll, wie die taub-blinde Helen Keller in ihrem Buch „Meine Welt" über den Tastsinn schreibt: „Es kommt mir nicht zu, zu sagen, ob wir besser mit der Hand oder mit dem Auge sehen. Ich weiß nur, daß die Welt, die ich mit meinen Fingern sehe, lebendig, farbenfroh und befriedigend

Abb. 79: Sich mit geschlossenen Augen führen lassen – der Umwelt über die Haut begegnen.

ist. Der Tastsinn bringt dem Blinden manche süße Gewohnheiten, die unsere glücklicheren Mitmenschen entbehren müssen, weil ihr Gefühl nicht ausgebildet ist. Wenn sie etwas *ansehen*, stecken sie die Hände in die Taschen."

Wir dürfen allerdings das Tasten nicht nur auf unsere Hände beschränken. Wir müssen hier den ganzen Leib miteinbeziehen: unsere Fußsohlen, ja sogar unseren Mund. Viele Kinder essen daher Speisen besonders gerne, die sich im Mund gut anfühlen. Denken wir an die Genießer, die Austern über ihre Lippen schlürfen.

Rudolf Seitz schreibt in seinem Buch „Schöpferische Pausen", wie man beim Weintrinken den Eindruck einer Geschmacksplastik bekommt.

Über Tasterlebnisse zu sprechen, ist nicht ganz einfach, weil die Kinder oft nicht genug Wörter kennen, die das Erlebnis entsprechend ausdrükken: weich, hart, glatt, rauh, samtig, stumpf, scharf, feucht, trocken, warm, kalt, kuschelig, glitschig, schaumig, matschig, klebrig, stachelig, rund, eckig, groß, klein, haarig, pelzig, flauschig und nicht zu vergessen: *angenehm – unangenehm!*

Die Kinder haben Spaß daran, selbst Wörter zu erfinden, die ihre Tasterlebnisse wiedergeben: wellig, Buckelpapier, rappelig, weitschig...

Leider wird bei der Gestaltung unserer Umwelt auf den Tastsinn wenig Rücksicht genommen. Das beginnt bei unserer Kleidung, die im wahr-

sten Sinne des Wortes auf der Haut liegt. Die Waschmittel-Werbung hat das offenbar erkannt, indem sie Waschmittel anpreist, die einen Pullover „kuschelig weich" waschen.
„Pflegeleichte" Flächen sind meist glatte Flächen, ohne sichtbare Strukturen, die die Fantasie zur Gestaltbildung braucht. Sie verhindern den notwendigen Kontakt zum Material. Irmingard Schneider-Hahn, Mitarbeiterin eines Institutes für Baubiologie, meint, „pflegeleichte Flächen sind uninteressant". Glatte Materialien seien für die Psyche ermüdend, und bei Kindern verkümmere auf schlimme Weise der mit anderen Sinnen verkoppelte Tastsinn.

Sorgen wir daher dafür, daß die Kinder wenigstens zum Spielen „tastfreundliche" Materialien bekommen: Wasser – Sand – Ton.

Zum Weiterlesen

Rudolf Seitz (Hrsg.): **TAST-Spiele,** Don Bosco Verlag, München 1993[6]

Wilfried Lippitz/Jutta Plaum: **Tasten Gestalten Genießen,** Scriptor (vergriffen)

D. Katz: **Der Aufbau der Tastwelt,** Darmstadt 1969 (vergriffen)

Helen Keller: **Meine Welt,** Der grüne Zweig 116, 1987

Wilhelm M.A. Müller

Elementares Arbeiten mit Ton

Die Gruppe an den Ton heranführen

Um die Kinder erst einmal an das Material heranzuführen, lege ich ihnen den Ton auf den Boden, so wie er aus dem Eimer herauskommt, als eine bergartige Aufhäufung von kleinen Tonklumpen. „Können wir das ein wenig zusammenklopfen, damit uns die Stücke nicht davonkugeln, wenn wir arbeiten wollen?" fragen die Kinder sinngemäß. Da hilft, daß ich selbst anfange, mit den Fäusten den Ton zusammenzuboxen, natürlich nur vorsichtig, damit den Kindern auch etwas zu tun bleibt. Wir müssen uns dabei immer vor Augen halten, daß die Kinderhände höchstens halb so groß sind wie die des Erwachsenen und daß da, wo ein Erwachsener einmal hindrückt, ein Kind vier- bis fünfmal drükken muß, um denselben Erfolg zu haben.

Der Berg (verdichten und ausgraben)

Hat der Ton dann eine kompakte Form angenommen, fordere ich die Kinder auf: „Nun spielen wir einmal Brunnenbauer und graben einen Burgbrunnen!" Ich will sie dadurch zum Graben (Schachten) mit den Fingern motivieren; sie

Abb. 80 - 82: Spiegelungen sind ein reizvolles Spiel ...

Abb. 83: Bei Tonarbeiten gilt: je großzügiger, desto besser!

sollen einen senkrechten Schacht in den „Berg" treiben. Ich lasse dann ohne viel Aufhebens in der Nähe ein paar Stöcke oder Leisten liegen, und es dauert nicht lange, bis das erste Kind davon Gebrauch macht, um sich das Graben zu erleichtern. Wichtig: den Kindern die Zügel überlassen, denn sie motivieren sich durch die Begegnung mit dem Material selbst weiter. Da wird aus einem Berg ein Fahrstuhl, aus einem anderen ein Topf, der aus dem herausgegrabenen Ton einen dicken Deckel bekommt, denn das herausgeholte Material will ja verarbeitet sein. Und genau das ist unser Ziel: zum Graben und zum Aushöhlen motivieren.

Die Höhle – der Innenraum

Wir haben den ganzen Ton zu einem einzigen großen Berg aufgeschüttet und geklopft. Wir bohren von oben einen Stollen und schneiden den Berg auseinander. Jetzt sollen die Kinder nur mit den Händen wie Bergleute „Kohle" aus dem Berg graben, so daß eine große Höhle entsteht. Anschließend klappen wir die beiden Hälften wieder zusammen und verstreichen die Fugen, so daß der Berg wieder sein altes Aussehen hat. Beim Zusammenklappen haben wir unbemerkt ein oder zwei kleine Klötze oder Plastiktiere in die Höhle fallen lassen.

Wir besprechen, daß im Innern des Berges nun eine Höhle ist. Welche Form hat der Raum ungefähr? Viereckig, lang wie ein Tunnel, hoch wie ein Schacht? Man kann da viel erzählen, etwa über Tropfsteinhöhlen. Dann behaupten wir, daß in unserer Höhle ein Schatz liegt! Wer ihn finden will, muß sich mit einer Hand durch die Wand des Berges graben.

Der wichtigste Augenblick bei diesem Spiel ist nach dem Graben der Durchbruch der Hände in die Höhle; hier wird der Innenraum ganz deutlich bewußtgemacht. Man muß das selbst einmal tun und empfinden.

Im Berg gibt es dann ein lustiges Fingerfangen und Schätzefinden. Dabei wird der Innenraum immer um ein Weniges weiter ausgegraben und das Material durch die engen Gänge herausgeholt.

Bei diesen Spielen haben die Kinder eine Unzahl verschiedener Greifübungen absolviert, haben sehr viel über die Beschaffenheit und das Verhalten des Materials erfahren und erspürt, haben ihre Kräfte geübt. Ein Erfahrungszuwachs, der eben nur mit einer großen Menge Ton zu erzielen ist und der eine breite Grundlage für die differenzierteren Techniken vermittelt.

Bruno Wendnagel

Sehende Hände

Wer hat das nicht schon erlebt – eine neue Zahnlücke im Mund! Die Zunge stößt ständig daran, ertastet alle Höhen und Tiefen, Weichheit, Festigkeit, will alles genau wissen. Die Lücke scheint riesig zu sein. Wir können sie genau beschreiben und bräuchten nicht einmal einen Spiegel dazu.

Die Zunge ist ein besonders ausgeprägtes Organ unserer Tastsinns, des größten und universellsten Sinnesorgans unseres Körpers. Ganz besonders wichtig, um Nahrung, die wir aufnehmen, richtig zu beurteilen im Hinblick auf Eigenschaften wie hart, weich, groß, klein, kantig, rund, starr, nachgebend, kalt, warm.

Der Geschmackssinn sitzt dabei „im gleichen Boot“ und filtert bei den Erforschungen der Zunge seine Daten heraus.

Unser Körper hat noch weitere solche „Superantennen“ des Tastsinns, z.B. unsere Hände. Noch genauer als mit der Zunge, sozusagen mit „zehn Zungen“, können wir damit jeden Körper sofort in seiner räumlichen Struktur einschätzen. Dazu kommt noch die Hebelwirkung unserer Arme, die wie eine Waage auswiegen.

Ein paar Spielvorschläge können diese ganz außerordentliche Wahrnehmungsfähigkeit erfahrbar machen.

Abb. 84: Aus Räumen werden Bühnen (vgl. S. 137). Schattentheater Zauberflöte
Abb. 85: Der Phantasiekanal im Fernsehen (vgl. S. 141)

Enterprise kommt zurück

Astronauten sind gelandet. Jahrelang waren sie im Weltall unterwegs und haben einen unbekannten Stern erforscht. Der ganze Frachtteil ihres Raumschiffs ist voll beladen mit merkwürdigen Mitbringseln, die vom Leben auf diesem Stern berichten.
Aber – die Ladeluke klemmt. Nichts von diesen Schätzen kann man sehen. Nur über ein paar Öffnungen im Raumschiff kann man die Kostbarkeiten ertasten.
Mit Kindern läßt sich diese Geschichte sofort realisieren.
Das Raumschiff besteht aus zusammengeklebten Verpackungsschachteln vom nahen Supermarkt (Klebebänder und Heißklebepistole eignen sich besonders gut für das Zusammenbauen).
Die Außenhaut, ein neuer „Zukunftswerkstoff", schillert und hat Schmauchspuren von der Hitze beim Eintritt in die Erdatmosphäre (Silberfolie und rußige Farbe).

Die kleinen phantasievollen Designer haben eine klare Vorstellung vom Inneren eines solchen Raumschiffes, mit Armaturen, Hebeln, Halterungen usw. Und dann der verschlossene Frachtraum! Er besteht eigentlich aus mehreren Kammern (Schuhkartons und größere Schachteln) mit jeweils einer Öffnung, durch die eine Hand schlüpfen kann.
Mit den Fingern ertasten wir Formen, die uns an Holzwolle, Trinkhalme, Holzkugeln, Kronkorken, Fäden, Glas, Steinchen, Folien, Pulver, Creme, Klebstoff u.v.a. erinnern. Aber welch eigenartige Gegenstände sind aus diesen Materialien entstanden!

Die unsichtbare Küchenwaage

Ein Geschicklichkeitsspiel mit viel Feinsinn.
Wir benötigen dazu einen großen Karton und bilden mit zwei Einsätzen drei Kammern. Der Karton ist allseitig verschließbar. Als Zugang für die mittlere Kammer schneiden wir zwei Löcher für die beiden Hände. Die beiden Kammern links und rechts haben nur eine halbhohe Trennwand, wie die Skizze zeigt.

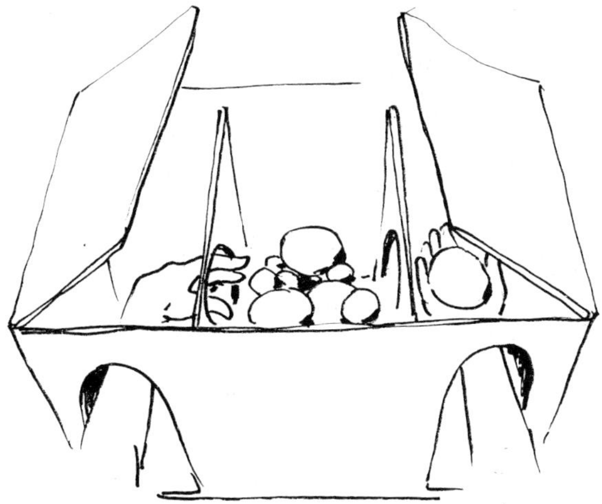

In die mittlere Kammer füllen wir Kieselsteine mit unterschiedlichen Größen. Es kann losgehen.
Alle Steine werden jetzt durch die beiden Hände aus der Mittelkammer in die zwei Nebenkammern sortiert nach schwer/leicht und klein/groß.

Wenn der Deckel geöffnet wird, kann man mit den Augen das Ergebnis überprüfen. (Vielleicht sind die Hände genauer als eine Küchenwaage?)

Abb. 86: Unsere Hände können außerordentlich fein wahrnehmen und unterscheiden.

Die Botschaft an den Blinden aus Pompeji

Die Antike kannte Wachstäfelchen, um Mitteilungen aufzuschreiben. Solche Nachrichten lassen sich auch mit den Fingern „ersehen".
In einem Spiel wollen wir ein kleines *Tastmuseum* bauen, in dem diese geheimen Botschaften aufbewahrt sind.
Als Schreibtäfelchen eignet sich sehr gut eine Plastilinschicht auf fester Unterlage.

Mit einem Stift lassen sich ganz leicht Geschichten, Bilder, Zeichen einritzen, evtl. auch andere Gegenstände mit aufbringen, z.B. Reis, Erbsen, Wollfäden, Federn, Blätter, Zweige. (Wirklich schreiben konnten damals nur die wenigsten.)
Das Tastmuseum fertigen wir aus einer beliebigen Schachel, die durch einen Vorhang verschlossen wird.
Die Kinder, in der Rolle des Blinden, versuchen nun die Botschaft, die im antiken Pompeji für sie abgegeben wurde, zu entziffern. Vielleicht wollen sie mit einem weiteren Täfelchen antworten.

Ein Stein erzählt

Am Ufer eines Gewässers Steine einzusammeln, entspricht einem elementaren Bedürfnis der Kinder. Manchmal ist es die Maserung, die ungewöhnliche Form, oftmals aber nur das angenehme Gefühl, das dieser gerundete Gegenstand in unserer Hand auslöst: ein Handschmeichler.
Durch ständiges Drehen, Abtasten, Kantenaufspüren (wie wir mit einem Bonbon im Mund umgehen) versuchen wir, unseren Tastsinn zu stimulieren.

Für unser Spiel suchen wir uns einen handgroßen Kieselstein und legen ihn, mit einem großen Tuch bedeckt, auf den Tisch und tauschen mit unserem Nachbarn den Sitz. Nach ausgiebigem Abtasten versuchen wir, aus einer etwa gleich großen Menge Ton die Form und die Oberfläche des verborgenen Steins nachzumodellieren. Unsere Hände ahmen dabei unwillkürlich die Kräfte nach, die den Stein in seiner Lebensgeschichte verändert und geformt haben.

Gisela Hagedorn

Schnee auf der Haut spüren

Eine Handvoll Schnee. „Wie fühlt sie sich an deiner Backe an? Kannst du das aushalten?“ – „Huh, das ist kalt!“ – „Überhaupt nicht; mir macht das nichts aus!“ – „Aber wie ist es unter dem Kinn? Oder vielleicht sogar am Hals?“ – „Iii, mir ist Wasser in den Pulli gelaufen!“
Die allerletzten Schneeflecken im Garten wollten wir ausnutzen, um einige „Hautgefühle“ auszuprobieren. Während Christa Pilger-Feiler die „Fühlversuche“ der Kinder erst ins richtige Licht, vor den richtigen Hintergrund, in der richtigen Stimmung aufs Bild zu bannen versucht, schlendere und schlittere ich mit einigen anderen auf dem dicken, aber schon weich werdenden Eis herum.
„Schau mal, da sieht man schon das Gras durch!“ – „Weil jetzt nämlich der Frühling kommt.“
„Gar nicht! Hier ist ganz dickes Eis!“ – „Uii, das ist toll! Komm mal her!“
Unter den Eisplatten hat sich zum Teil schon Schmelzwasser angesammelt. Sven hat entdeckt, daß er das Wasser an den Eisrändern oder, was noch viel interessanter ist, durch einen Riß in der Eisplatte nach oben drücken kann. Unter dem Eis sieht man manchmal Luftblasen, die sich hin und her bewegen.
Einige Furchen gehen nicht bis auf den Grund. Es macht Spaß, mit dem Finger drin entlangzufahren. Die Ränder schmelzen an, und die Rille wird breiter. Christoph hat eine neue Idee. Mit dem Stock fängt er an, eine Furche aufzuhacken und zu vergrößern. So entsteht ein Ablaufkanal für das Schmelzwasser und am anderen Ende natürlich ein See. Nun sind auf einmal fast alle Kinder da. Eisbrocken werden herumgeschoben, weitere Kanäle gehackt usw. Hinweise auf nasse Schuhe sind in den Wind gesprochen.
Martina hat bisher nur zugeschaut. Plötzlich sagt sie: „Das Eis schmilzt unter mir!“ Tatsächlich kann man die Schuhabdrücke in etwa erkennen. Das erinnert mich an frühere Eisspiele, und mir kommt eine Idee: Unter den Büschen liegt ein Ziegelstein. Ich hole ihn her und lege ihn auf eine Eisplatte. Es dauert nicht lange, da beginnt er ins Eis einzuschmelzen. Ich mache Martina und die anderen darauf aufmerksam. „Ich weiß schon“, sagt Sven, „der drückt das Eis zusammen!“ Ich schlage vor, es doch mit anderen, kleineren und leichteren Steinen zu probieren. Die Kinder schwärmen aus und bringen alles, was sie an Steinen finden. (Ein Glück, daß sie überhaupt etwas finden in dem schön und ordentlich angelegten Kindergartengelände!)
Mutmaßungen werden angestellt, wie es kommt, daß ein kalter Stein das Eis schmelzen kann. Viele zweifeln an, daß ein so kleiner Stein auch Eis schmelzen kann. Abwarten!
Da ruft uns die Kollegin zum Essen. Die Unterbrechung paßt gut, denn jetzt heißt es sowieso „warten“! Aber gleich nach der Mittagszeit wollen die Kinder nachschauen, was aus dem Eis und den Steinen geworden ist.
Mit roten Backen und Händen, nassen Schuhen und Hosenbeinen marschieren sie ins Warme. Klagen über Kälte sind nicht zu hören, nur die Sorge, ob die Schuhe bis zum Nachmittag trokken sein werden. Abb. 87 S. 136

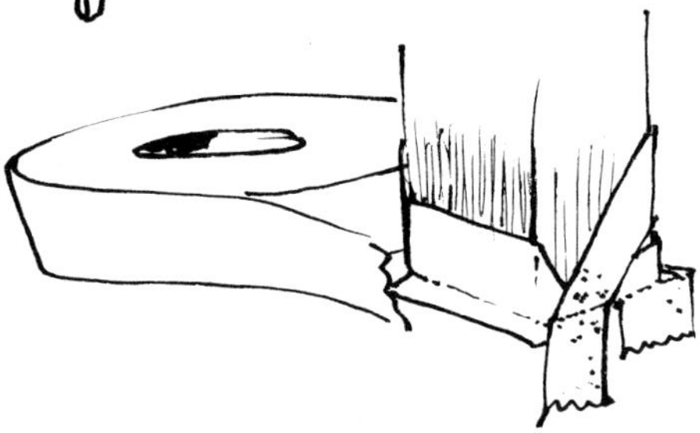

Das hat mit unserem Instinktverhalten zu tun, mit dem Bedürfnis nach Geborgenheit (Verborgenheit?!) und Übersicht.
Die Wohnarchitektur der Menschen zeigt uns viele Beispiele von Höhlen, Pfahlbauten, Burgen bis hin zum Penthouse.
Ein Beispiel ist uns besonders aus der Jugendliteratur vertraut: die Pueblobauten von Winnetous Apachen.

Mit ein paar Tischen, Stühlen, Decken oder Packpapier, Tesakrepp und einer Schnurrolle können wir jeden Raum in ein Pueblo-Dorf verwandeln.
In einer Raumecke stapeln wir auf einer Anzahl von Basistischen eine weitere Tischebene. Wichtig ist hierbei, die jeweiligen Flächen und Tischbeine mit Tesakrepp rutschfest zu verbinden. Ebenso verfahren wir mit den oberen

Tischen; ihre Beine werden mit Tesaband auf den unteren Tischflächen fixiert.
Die dritte Ebene bilden umgedrehte Tische mit den Beinen nach oben. An diesen werden Schnüre so verspannt, daß darübergebreitete Decken einen Halt haben.
Auch die unteren Ebenen lassen sich mit Decken verkleiden oder mit Packpapier bespannen und bemalen. Letzteres eignet sich besser, um Türen, Schlupflöcher und Fenster ausschneiden zu können. Die Stühle, die ebenfalls festgeklebt werden, bilden ideale Treppen und Leitern.
Zuletzt wird das Pueblo-Dorf mit einem großen „Indianer-Fest" eingeweiht. Das kann eine ganze Woche dauern, mit Schminken, Trommeln-Bauen, Maisfladen-Backen, Sandbilder-Malen und Schmuckketten-Basteln.
Im obersten Pueblo-Haus sind die heiligen Amulette der Krieger aufbewahrt, daneben wird eine Indianer-Bibliothek eingerichtet.
„Howgh, ich habe gesprochen."

Die Labyrinth-Burg

Eine andere Möglichkeit, Räume zu verwandeln, kennen wir aus der Theaterwelt: die Kulissenwand.
Besonders universal und leicht handhabbar ist dabei der Endloskarton, eine 2,25 m hohe Rolle aus weißem, festem Karton. Abgerollt und wellenförmig aufgestellt wird er in jedem beliebigen Raum zur wandelbaren Kulisse. Buchten, Nischen, Rundräume – alles läßt sich daraus machen.
Wir denken dabei an eine Labyrinth-Burg, z.B. von Minotaurus, Sindbad, Aladin oder den Pharaonen.

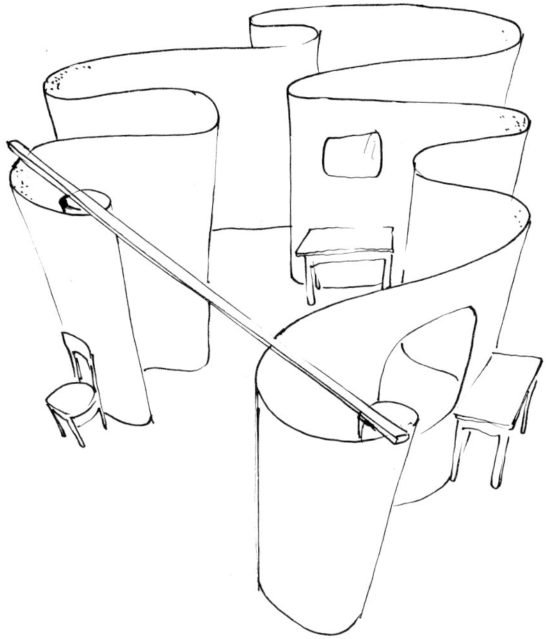

Natürlich sind die Mauern der Labyrinth-Burg bemalt und gestaltet als Schatzkammer, Tasträume, Verlies-Mauern, Schlangenhöhle, Grabkammer usw.
Am besten eignet sich dazu farbige, in heißem Wasser gelöste Holzbeize, mit der die Kinder großzügig die saugende Kartonfläche bemalen können.
Kleine Gucklöcher, die den Blick in neue Räume freigeben, dürfen nicht fehlen. Mit einem Cutter (Messer) ist dies leicht zu bewerkstelligen.
Nicht nur für Kinder, sondern auch für uns Erwachsene ist es faszinierend, diese verwinkelten und runden Räume auszuschreiten. Die gewohnte orthogonale Raumorientierung ist plötzlich nicht mehr vorhanden, wir benötigen einen ganz anderen Raumsinn, tasten uns zaghaft vorwärts und machen nur noch kleine Schritte.

Ein bißchen Beklemmungsgefühl kann dabei schon auftreten. Umso befreiter sind wir dann, wenn wir den Ausgang gefunden haben.
Vorsicht, ein Labyrinth kann süchtig machen!

In der Tiefsee

Ein Raumerlebnis ganz besonderer Art, das auch mit „Bauchkribbeln" zu tun hat, ist das „In-die-Tiefe-Springen/ -Klettern / -Rutschen".
Man bittet einen Teilnehmer, mit verbundenen Augen auf einen umgedrehten Tisch hinaufzuklettern. Langsam wird der von allen hochgehoben, und man bittet den kleinen Abenteuerer, sich aufzurichten.
In einer phantastischen Geschichte wird von einem bewegten „Raumflug" erzählt. Plötzlich ist das Raumschiff viel zu hoch oben – der Passagier stößt mit dem Kopf schon an die Decke (in Wirklichkeit an ein Buch, das über seinen Kopf gehalten wird). Er wird aufgefordert, schnellstens herunterzuspringen – das Ganze in einer Höhe von nur 50 - 60 cm. Für den blinden Passagier verwandelt sich dies in einen „grauenerregenden" Sprung in die Tiefe, den er nur mit Händehalten und viel Zuspruch wagen wird.
Unter diesem Gesichtspunkt wollen wir unseren Gruppenraum in eine Tiefsee-Schlucht verwandeln. Wir rollen Packpapier-Bahnen im Raum aus. Die Breite der aneinandergeklebten Bahnen soll etwa die Zimmerhöhe ergeben. Mit selbst angerührten Farben in Joghurtbechern und dicken Pinseln (z.B. Heizkörper-Pinseln, 2 cm breit) gehen die Kinder auf „Tauchstation". Sie verteilen sich auf dem Packpapier und fangen an, alles, was sie auf ihrem Ausflug in die Tiefe des Meeres entdecken, mit Farben festzuhalten: Seesterne, Riesenquallen, Perlenalgen, Haifische, Schiff-Wracks, Taucherglocken, Seeräuber-Kisten und alle nur erdenklichen Fischarten.

Die bemalten Flächen werden nun im ganzen Raum an den Wänden befestigt und mit blauem Licht bestrahlt. Hierzu verwendet man am besten eine blaue Glühbirne oder eine blaue Folie, die über eine Glühlampe gespannt wird.
Jetzt fehlt nur noch das U-Boot.
Ein großer Verpackungskarton (bei Möbel- oder Baumärkten fragen), mit ausgeschnittenen Bullaugen und mit überwachsenem Seetang bemalt, wartet schon auf die „Tauchercrew".
In die Einstiegsluke stellen wir eine Haushaltsleiter zum Hinauf- und Hinuntersteigen. Der Abstieg ist wie beim echten U-Boot mit Kartons als Schacht verkleidet. Taschenlampen, Angelruten und ein bißchen Platz für eine zu bergende Schatztruhe dürfen nicht fehlen.
Augen zu! Und dann mit „Ahoi" in die Tiefe!

Bruno Wendnagel

Der Phantasiekanal im (Fern-)Sehkasten

Als Pädagogen müßten wir kapitulieren. Das Fernsehen ist uns haushoch überlegen. Es ist bequem, immer gut aufgelegt, bringt Comics am Nachmittag (Vormittag?!), lustvoll Kriminelles am Abend (!) und ist perfekt. So perfekt, daß in manchen Haushalten der Kasten auch ohne Zuseher läuft.

Gibt es kein Fernsehen, gleicht dieses einem verbotenen Paradiesapfel. Lassen wir es unkontrolliert zu, mästen sich die Kleinen mit starken Bildern wie Kirchweihgänse. Die Phantasie und Eigeninitiative weichen einem einzigen Bilderbrei im Kopf und einer fahrigen Ungeduld in der fernsehlosen Zeit.

Spielerisch wollen wir versuchen, nicht gegen diese Übermacht anzugehen, sondern die Wahrnehmungswerte für die Kinder sichtbar zu machen.

Nicht der Film ist gut, sondern ein paar Bildideen des Regisseurs. Nicht die Handlung ist spannend, sondern die Tatsache, daß wir uns darin wiedersehen. Nicht der Comic-Film ist faszinierend, sondern die verblüffend einfach umgesetzte Zeichnung.

Alles läßt sich für unser Spiel auf drei Dinge reduzieren: Licht, Bewegung und eine Geschichte. Vgl. Abb. 85 S. 132.

Als Bildschirm genügt ein großer Karton (Wellpappenverpackung eines Kühlschranks vom Container hinter dem Großmarkt).

In passender Höhe schneiden wir ein Rechteck aus, z.B. 70x50 cm, und bespannen die Öffnung mit Makulaturpapier (oder Butterbrotpapier).

Seitlich am Karton benötigen wir Grifflöcher, um, vor dem Bildschirm sitzend, mit unseren Armen reingreifend Gegenstände hinter dem Bildschirm bewegen zu können.

Lichtquelle ist ein Diaprojektor, dessen Lichtstrahl unseren Fernseh- (hier Nahseh-)kasten nicht überstrahlen sollte.

Als wechselnde Bildmotive dienen uns Diagläser, die die Kinder mit ungiftigem Lampenlack, farbiger Tusche, Klebstoff, Wollfusseln, Fingerabdrücken usw. gestaltet haben.

Davor handeln die Figuren. Es sind einfache Geräte aus Küche und Werkstatt. Ein bißchen Draht, eine umwickelte Folie, eine Wäscheklammer mit Kartonstreifen – und schon wird aus einem Schneebesen ein Monster, ein Salatsieb zum Sternenhimmel, eine Zange zum Dinosaurier und aus einem Eierschneider ein Tintenfisch.

Natürlich kommen in diesen Sketschen auch Taucher oder Astronauten vor. Alles läßt sich einfach erproben, verändern, verbiegen, verkleiden. Übrigens darf Musik aus einem Kassettenrecorder nicht fehlen.

Zu einem richtigen Sonntagsprogramm für viele Zuschauer wird das Ganze, wenn als zweite Lichtquelle noch ein Overheadprojektor von vorne auf den Bildschirm leuchtet. Er kann bemalte Farbfolien projizieren und damit Hintergrundmotive in Bewegung bringen, z.B. das Korallenmeer der Schatztaucher, die Mondrakete der Astronauten, den Dschungel Tarzans.

Übrigens lassen sich auch zwei solcher Phantasiemonitore aufstellen, nebeneinander oder

auch gegenüber. So kann man nicht nur den Kanal schnell wechseln, sondern einen Gesprächswettbewerb oder ein Konzert zweier Küchenmonster aus verschiedenen Kanälen miterleben.

Ein Programm könnte lauten:

10.00 h	Gymnastik
10.15 h	neue Speiserezepte
10.30 h	Slapsticks aus der Werkzeugkiste
10.45 h	Ganz tief im Teich, etc.

Haimo Liebich

Die Entfaltung der Sinne – ein kommunales Programm

„In diesen Erscheinungen offenbart sich die Ordnung der Natur,
die im Sehen und Hören, im Riechen, im Tasten,
im Greifen und Begreifen,
im Geben und Verstehen menschliche Wirklichkeit wird."

Hugo Kükelhaus

In Münchens grüner guter Stube, dem Schwabinger Luitpoldpark, wurde 1993 das „Erfahrungsfeld zur Entfaltung der Sinne" von Hugo Kükelhaus aufgebaut.
Damit sollte in München ein Anstoß und Impuls gegeben werden, das „Sinnesmotiv" vielfach

praktisch und theoretisch zu bearbeiten, auch als eine pädagogische und stadtplanerische Initiative, auf die kommunale Zukunft und die Stadtplanung, die pädagogischen Institutionen hin gesehen.
Das damit gestartete Projekt „Sinnenreich“ soll Folgen haben. Eine „Arbeitsgemeinschaft OIKOS“, bestehend aus städtischen Referaten (Schule, Kultur, Soziales, Umwelt, Bau/Grün), Universitätspartnern, großen Institutionen wie Volkshochschule, VDK und vielen spiel- und kulturpädagogischen Vereinen und Initiativen hat sich dazu konstituiert. Das Projekt einer „Entfaltung und Sensibilisierung der menschlichen Sinne“ sieht diese AG OIKOS als eine bedeutsame und vor allem zukünftig immer wichtiger werdende kommunale Aufgabe für Großstadtmenschen, insbesondere Kinder und Familien an. Das „Schicksal der Sinne“ und, positiv gewendet, eine besondere „Bildung der Sinne“ bei vielen Gelegenheiten, in aller Angebotsvielfalt und Unterschiedlichkeit ist eine typische „Querschnittsaufgabe“ in der Lebensumwelt Stadt. Nicht ein einzelner Verwaltungs- und Politikbereich, nicht eine einzelne Institution oder Organisation allein ist damit beauftragt, bzw. sollte sich dessen annehmen. Erst das Zusammenspiel vieler mit der gemeinsamen Absicht einer „sinnenreichen“ Lebensumwelt ermöglicht eine neue und intensivierte Sensibilisierung der menschlichen Sinne zugunsten eines neuen „Sinnenbewußtseins“ (zur Lippe) und einer entwickelten „Kultur der Sinne“ (Selle) als Basis jeder menschlichen Existenz, differenzierter Wahrnehmung und Erfahrung, der Anschauungen und Emotionen, auch mit der Folge von Erkenntnis und Wissen. „Sinnliche Erkenntnis“, das ist ja auch das Besondere des „Ästhetischen“ in Kunst und Kultur – das andere, aber Gleichberechtigte zur abstrakten Logik und Verstandestätigkeit, der menschlichen Rationalität.

Abb. 88: Gerade in einer Großstadt sind „Lernfelder für die Sinne“ enorm wichtig.

Das „Erfahrungsfeld zur Entfaltung der Sinne“ des 1984 verstorbenen Hugo Kükelhaus, übrigens zum erstenmal 1975 in München im Messegelände gezeigt und seitdem als Wanderausstellung unterwegs, präzisiert die Beschäftigung mit den menschlichen Sinnen auf besondere und sehr konkrete Weise.
Es ist keine traditionelle Ausstellung, kein Zirkus – was dann?

Die vielfältigen Stationen des Erfahrungsfeldes haben alle eines gemeinsam: Die Besucher und Besucherinnen müssen selbst tätig werden, die Gegenstände anfassen, sie in Bewegung setzen, damit sich ihnen ihr Sinn erschließt. Dann allerdings können sie Überraschendes erleben. Sie erfahren, „wie das Auge sieht, das Ohr hört, die Nase riecht, die Haut fühlt, die Finger tasten, der Fuß versteht, die Hand begreift, das Gehirn denkt, der Körper schwingt" (Hugo Kükelhaus). Freude, Überraschung, Nachdenklichkeit – ein großes Spektrum an Empfindungen entsteht.
Das Programm ist auch ein Protest gegen die Abstumpfung, die „Desensibilisierung" unserer Sinne, ist eine Alternative gegen die fortschreitende Medialisierung, Kommerzialisierung und Undurchschaubarkeit, Abstraktion des Alltagslebens.

... über hier und heute hinaus

Es geht auch um eine neue Qualität der Stadt als vielfältigen Lebensraum, als Ort sowohl der sinnlichen Erfahrung wie des kulturellen und sozialen Zusammenlebens und des Zusammenspiels von Natur und Kultur. Dazu will das „OIKOS-Projekt SINNENREICH" auch über den Anlaß 1993 hinaus einen Anstoß geben: die Sinne in Aktion auch als urbane Chance zur Lebensweltverbesserung, als Beitrag sowohl künstlerischer, ästhetischer wie auch ökonomischer und sozialer Bildungsarbeit, Spiel- und Kulturpädagogik.
Das Konzept von Hugo Kükelhaus, seine Botschaft und die Versuche, diese praktisch zu vermitteln wie im „reisenden Erfahrungsfeld", gehen von folgenden Fragen aus und beziehen diese auf die besondere Funktion und Bedeutung der menschlichen Sinne als Mittler zwischen „Ich" und „Welt" als einziger und körperlicher Kontakt zur Umwelt, Mitwelt, Natur (das übrigens hat zentral mit der allgemeinen grundlegenden Bedeutung von „Bildung" zu tun).
Wie nehmen wir die Phänomene unserer Umwelt wahr?
Welche Beziehungen bestehen zwischen ihnen und uns?
Medien steigern nur scheinbar die Reichweite unserer Aktivitäten. Durch Psychologie, Soziologie und Pädagogik erklärtes Verhalten folgt abstrakten Kategorien, fördert nicht unsere Handlungsfähigkeit, sondern verengt sie zunehmend: Erwachsene, und immer mehr auch Kinder, haben kaum Gelegenheit,
- den Mensch als Maß der Dinge,
- den Organismus als Bezugspunkt für technologische Entwicklung,
- Vernetzung und Kybernetik als Regelwerke lebendiger Ökologie zu erleben.

Wir sind Teil der Natur, die trotz kultureller Evolution weiterhin und viel umfassender, als bisher vermutet, die Lebensgrundlage der heutigen Zivilisation bildet, wie dies auch die Einsichten der modernen Physik seit Einstein und Heisenberg belegen.
Obwohl alle Erfahrungen unserer Umwelt über die Sinne vermittelt werden, vernachlässigen wir diese grundlegende Erkenntnisquelle und verschütten uns damit den Zugang zu uns selbst. Dies ist insbesondere ein Problem der Kinder und Jugendlichen in der Großstadt.
Es gibt aber auch anregende Möglichkeiten dinglicher Art, dieses Erfahrungsfeld „zur Bildung der Sinne" wieder zu aktivieren, von dem

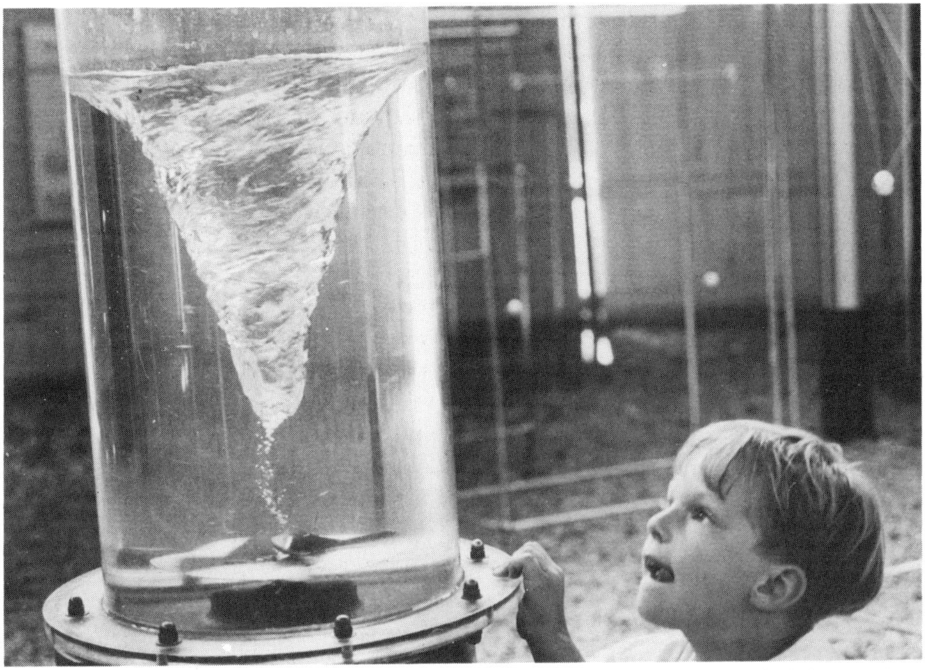

Abb. 89: Ein faszinierendes Beispiel aus der Vielfalt des „Sinnenreiches“

Handwerker, Künstler und Architekten Hugo Kükelhaus entworfen und realisiert, in einer Vielzahl von Objekten dargeboten, und viele weitere Formen, Projekte, Ansätze zur Intensivierung urbaner Sinneserfahrung. Das war unser Münchner Jahresthema 1993 in der Tradition der „Tage des Spiels“ seit 1983 auf dem Weg zu einer neuen „Ökologie der Erfahrung und des Spielens“ und einer „Umwelt als Lernraum“.

Sinneslandschaft Stadt – München 2000

Wir wollen das Thema „Sinne“ als allgemeines städtisches Programm von Bildung und Kultur, von Stadtgestaltung, Spiel- und Grünplanung, im Verbund der pädagogischen Institutionen und Initiativen und auch mit der Tendenz ökologischen Lernens und urbaner Naturerfahrung weiter bearbeiten und angeregt durch Hugo Kükelhaus weiterentwickeln, eigentlich als ein Jahrzehnteprogramm.

Neben neueren Formen für Kindergarten, Hort und Schule in der Absicht, diese als sinnenaktive Anregungsfelder selbst zu qualifizieren, ist dabei an mobile Programme gedacht: „Sinnesfeld“, „Tastlandschaft“, „Klang- und Farbspiele“ als zeitbegrenzte Angebote, die den Kindergarten-, Hort- und Schulalltag anreichern können, oder die den Schulhof auch außerhalb der Schulzeiten aktivieren.

Darüber hinaus gilt es, den städtischen Raum in all seiner Vielfalt „sinnlich“ weiter aufzuladen, insbesondere da, wo die Spiel- und Streifräume der Kinder sind: Denn im Spiel der Kinder, in ihren realen und imaginierten Abenteuern, ihren Erkundungen und Expeditionen in der Umwelt schärfen und entwickeln sich die Sinne – eben durch Tätigkeiten, ganz im Sinne von Kükelhaus. Die Spannweite sinnlichen Erlebens kann gerade in der Stadt groß sein: von den einheimischen und fremdländischen Düften des grünen Markts bis zu den Nischen und Biotopen von Parks und Waldresten, von der inszenierten Kinderkultur der Musik über Tanz, Theater zum bildnerischen und materiellen Gestalten bis zu den Festen und Feiern, heimischen und fremden Traditionen, von der Sommerhitze zu Eis und Schnee im Winter, vom Jahrmarktrummel zum geheimen Versteck im Busch, vom Erdhaufen über den bespielbaren Stadtbach zur Skateboardfläche.

So etwa könnte man sich eine reiche „Sinneslandschaft Stadt“ vorstellen, die der Neugierde und dem Erfahungshunger der Kinder Nahrung und Attraktivität gibt. In einer solchen Umgebung wäre es um das „Schicksal der Sinne“ nicht schlecht bestellt, auch vor dem Hintergrund einer problematischen und zunehmenden Medialisierung der Kindheit. Die Sinne selbst sind ja aktiv, in dem Maße, wie sie spannungsreich und unterhaltsam herausgefordert werden – den Sinnen ist ja so etwas wie ein „Bildungstrieb“ auch in eigener Regie eigen. Und gerade das sollten wir schulisch wie außerschulisch nutzen.

Entsprechend dieser kommunalen Aufgabenstellung gilt es nun, die Planungs- und Gestaltungsphantasie der Stadtplaner herauszufordern, ebenso wie die Methoden- und Inszenierungsphantasie der Pädagogen aller Art: Laßt die Sinne zu ihrem Recht kommen, schafft Orte, Ecken, Ereignisse, Veranstaltungen, in denen sinnliches Erleben in aller Vielfalt und Intensität möglich ist, bezogen sowohl auf die präzisierende Sensibilisierung jedes einzelnen Sinnesorgans, wie dies Hugo Kükelhaus vorschlägt, wie auch durch komplexe, die Sinne sozusagen insgesamt und in vielerlei Kombinationen ansprechenden Situationen, wie dies z. B. typisch für die Münchner Spiel- und Kulturpädagogik und ihre Programme ist.

Bei Interesse an Informationen, Dokumentationen, aktuellen Programmen und Perspektiven des Münchner Projekts „Sinnenreich“, das sich ja als kommunales und übertragbares Modell versteht und mit vielerlei Einzelprogrammen experimentiert, wende man sich an die

AG OIKOS c/o Pädagogische Aktion/SPIELkultur e. V., Reichenbachstr. 12, 80469 München, Tel. 089/2609208, FAX 089/268575

Zum Weiterlesen

Hugo Kükelhaus/Rudolf zur Lippe: **Entfaltung der Sinne**, Fischer alternativ 4065, Frankfurt 1991[8]

Hugo Kükelhaus: **Fassen - Fühlen - Bilden,** Gaia Verlag, Köln 1989[6]

Zeit, bleib stehen!

Der englische Physiker Richard Feynman soll einmal lapidar gesagt haben: „Zeit ist, wie lange wir warten.“ Die Antwort auf die Frage von Aristoteles, „ob die Zeit existieren würde, wenn es kein Bewußtsein gäbe“, sind wir bis heute schuldig geblieben.
Dem sogenannten gesunden Menschenverstand macht das Umgehen mit der Zeit keine besonderen Schwierigkeiten. Er orientiert sich für seine Verpflichtungen und Vergnügen am Kalender und an der Uhr, einem zeitlichen Bezugssystem, das allen Menschen gemeinsam ist und Kommunikation erleichtert. Man nennt dieses Bezugssystem deshalb auch „Weltzeit“ und hält sich daran, wenn man sich treffen will.
Ohne Uhr ist es jedoch schwer.

Unser subjektives Zeitempfinden ist sehr unterschiedlich. Manchmal vergeht die Zeit so langsam wie eine Schnecke, manchmal verrinnt sie wie im Flug. Dem Erwachsenen erscheinen die Jahre mit zunehmendem Alter kürzer, während dem Kind z.B. die Wochen und Tage vor Weihnachten unendlich lang erscheinen. Vergangenheit und Zukunft können für uns Freude und Glück oder Schmerz und Trauer bedeuten.

Im 11. Buch seiner Bekenntnisse beschäftigt sich der heilige Augustinus mit der Zeit: „Was also ist Zeit? Wenn niemand mich es fragt, so weiß ich es; will ich dem Fragenden es auseinandersetzen, weiß ich es nicht: Gleichwohl sagt' ich zuversichtlich, ich wisse, es gäbe keine Vergangenheit, wenn nichts vorüberginge, und wenn nichts käme, gäbe es keine Zukunft, und wenn nichts wäre, gäbe es keine Gegenwart.“

Piaget hat Kinder zum Ablaufen einer Sanduhr mal rasch und mal langsam arbeiten lassen und festgestellt, daß sie meinten, der Sand laufe rascher, wenn sie rascher arbeiten.
Wenn man einem fünfjährigen Kind zwei Spielzeugautos vorführt, die beide im gleichen Moment losfahren und anhalten, jedoch verschieden weit kommen, behauptet das Kind, das Auto, das weiter gefahren sei, habe mehr Zeit gebraucht. Es ist erst ab etwa sechs bis neun Jahren in der Lage, zwei Autos mit unterschiedlicher Geschwindigkeit einer für beide Autos gültigen objektiven Zeit zuzuordnen.

In der Musik spielt die Zeit eine große Rolle. Über die Frage, in welchem Tempo eine Musik gespielt werden soll, gibt es sehr subjektive Auffassungen. Kindern gelingt es nur schwer, ein einheitliches Tempo bei einem Musikstück einzuhalten. Interessanterweise werden sie fast immer schneller, wenn man sagt, sie sollten lauter spielen. Eine Orientierungshilfe für ein einheitliches Tempo bildet neben einem mechanischen Metronom unser Pulsschlag. Musik, die im Tempo unserem Pulsschlag angepaßt ist, wirkt oft beruhigend.
Im Sport entscheidet leider meist nur die Schnelligkeit. Man versuche einmal mit den Kindern einen Wettlauf zu organisieren, bei dem der Langsamste gewinnt.

Im Fernsehen erleben wir eine „zerstückelte“ Zeit. Vorgänge, die z.B. gestern über einen ganzen Tag geschehen sind, werden gerafft und in den Nachrichten in fünf Minuten wiedergegeben. Andererseits ist ein privat gedrehter Video-

film, der nicht geschnitten ist, zeitlich kaum zu ertragen.
In der Arbeit mit Kindern müssen wir uns vor Augen halten, daß jedes Kind eine eigene „Ichzeit" hat. Ein Kind kann es kaum erwarten, bis eine Geschichte zu Ende ist, ein anderes bedauert das rasche Ende; ein Kind wartet voll Sehnsucht darauf, bis es im Kindergarten abgeholt wird, ein anderes schimpft die Eltern, weil sie schon so „früh" zum Abholen kommen.

Bis zum zweiten Schuljahr haben die Kinder wesentliche Eigenschaften erfahrbarer Zeit kennengelernt:

1. Die erlebte Zeit gliedert sich in Vergangenheit, Gegenwart und Zukunft.
2. Die Zeit hat eine Richtung, sie weist aus der Vergangenheit in die Zukunft.
3. Die Zeit läßt sich durch ein periodisches Ereignis – z.B. eine Pendeluhr – messen und durch Zählen ihrer Perioden in ihrer Länge angeben.
4. Zwar ist beim 50m-Lauf „deine Zeit" nicht „meine Zeit", die Menschen haben sich jedoch geeinigt, Zeit in den jeweils gleichen Maßgrößen anzugeben: Sekunden, Minuten, Stunden, Tage, Jahre.
5. Die Zeit bringt Veränderungen, die nicht umkehrbar sind: „Die Winterstiefel vom letzten Jahr passen nicht mehr."
6. Die subjektive Dauer der erlebten Zeit stimmt häufig nicht mit der durch die Uhr gemessenen Zeit überein (Unpünktlichkeit).

In der praktischen Arbeit mit Kindern gibt es viele Möglichkeiten, das Thema Zeit zu behandeln:

Sanduhr und Wasseruhr

Sanduhren und Wasseruhren können in Einfachbauweise auch selbst hergestellt werden, indem man in den Boden einer mit Sand oder Wasser gefüllten Dose ein kleines Loch bohrt.

Kerzenuhr

Eine abbrennende Kerze, bei der man verschiedene Zeitabschnitte markiert, ermöglicht ebenfalls Zeitvergleiche. Wir lesen z.B. eine Geschichte bei brennender Kerze vor und beobachten, wie weit die Kerze am Ende der Geschichte abgebrannt ist.
Für Zeitvergleiche gibt es ebenfalls eine Reihe von Spielmöglichkeiten, z.B. kann eine Gruppe ein Lied singen, während eine andere ein Bild malt.
Wozu braucht man länger: für ein Lied singen oder für ein Bild malen?
Aktuell sind Gespräche über die Zeit auch immer dann, wenn die Kinder im Fernsehen einen Film über Zeitreisen in die Vergangenheit oder Zukunft gesehen haben. Nicht zu vergessen natürlich die Geschichte „Momo" von Michael Ende, in der die grauen Herren die Zeit rauben.

Sonnenuhr

Die einfachste Art, sich über die ungefähre jeweilige Tageszeit zu informieren, ist ein Blick auf den Sonnenstand. An dem wandernden Schatten eines in die Erde gesteckten Stabes erkennen die Kinder, daß hier eine Beziehung zu den jeweiligen Tageszeiten hergestellt werden kann. Eine genauere Sonnenuhr läßt sich mit Hilfe der folgenden Schablone bauen.

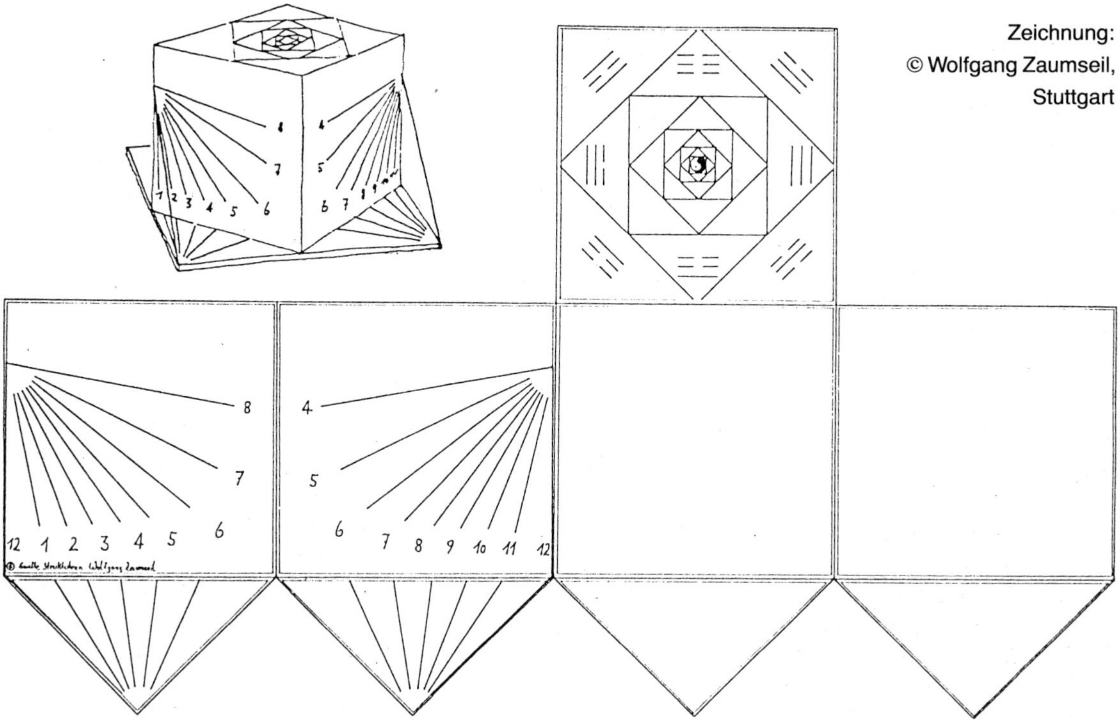

Zeichnung:
© Wolfgang Zaumseil,
Stuttgart

Schablone der Sonnenuhr und fertige Sonnenuhr mit gespannten Fäden (o. li.)

Ein vorhandener Holzwürfel dient als Grundlage dieser Sonnenuhr. Die Schablone (Zeichnung) muß vorher so vergrößert werden, daß die Kantenlängen mit denen des Würfels übereinstimmen.

Die ausgeschnittene Schablone wird nun auf den Würfel aufgeklebt, wie es die Zeichnung oben links der fertigen Uhr zeigt. Das Ganze wird auf eine Grundplatte geklebt, die so groß sein muß, daß die Ecken des Würfels genau auf die Mitte der Seiten der Grundplatte zu liegen kommen (Diagonale des Würfels = Seitenlänge des Bodenquadrats). Jetzt sind nur noch zwei Fäden anzubringen, wie auf der kleinen Zeichnung zu sehen. Die Uhr wird so aufgestellt, daß diese Fäden genau nach Süden zeigen (Kompaß benützen).

Nun kann die wahre Ortszeit abgelesen werden, vormittags und nachmittags auf der entsprechenden Fläche. (Die Uhr ist auf die geographische Breite von 49° eingestellt. Die Ungenauigkeit dürfte deshalb im deutschen Sprachraum höchstens etwa eine Viertelstunde ausmachen.)

Zum Weiterlesen

Die Zeit: Schriften der Carl Friedrich von Siemens Stiftung, hrsg. von Anton Peisl und Armin Mohler, Band 6, Oldenbourg Verlag, München

Helmut Zöpfl: **Geh weiter, Zeit, bleib steh!** Rosenheimer Verlagshaus, Rosenheim 1977

Mitsumasa Anno: **Anno's Sonnenuhren.** Die Zeit erleben, Verlag Sauerländer, Aarau/Frankfurt 1990

Elke Bouctot: **Myra und der Flugdrache Fridolin.** Eine abenteuerliche Reise durch die Zeit, Don Bosco Verlag, München 1994

Geh weiter, Zeit, bleib steh

I radl scho in aller Fruah
a wengerl naus aufs Land,
i horch im Wald de Vögl zua
und wander umanand.
Dann pack i wo mei Brotzeit aus,
setz mi a bisserl hin,
I ruah mi vom mein Nixdoa aus
und freu mi, daß i bin.
Geh weiter, Zeit, bleib steh,
dua ma den Gfalln, dua net vergeh!
Geh weiter, Zeit, bleib steh,
wart bloß a bisserl,
's waar grad so schee!

I sitz mit dir auf ara Bank
am Hinterbrühler See,
ruck ganz zu dir her, halt dei Hand.
I sieg und spür dei Näh.
I grüabet net und laß alls sei
und denk bloß mehr an di.
I bin so narrisch glücklich glei,
grad no an Wunsch hätt i:
Geh weiter, Zeit, bleib steh,
dua ma den Gfalln, dua net vergeh!
Geh weiter, Zeit, bleib steh,
wart bloß a bisserl,
's waar grad so schee!

I lieg am Bodn und hör an Wind,
wiara se stroaft im Gras.
Koa Uhr is da, de wo mi zwingt
und sagt mir: dua jetzt was.
I blinzl in de warme Sonn
und denk mir bloß: wia schee!
... Schad, daß ma nix derhaltn konn.
Geh weiter, Zeit, bleib steh!

Abb. 90

Geh weiter, Zeit, bleib steh,
dua ma den Gfalln, dua net vergeh!
Geh weiter, Zeit, bleib steh,
wart bloß a bisserl,
's waar grad so schee!

Helmut Zöpfl

Aus: Helmut Zöpfl: Geh weiter, Zeit, bleib steh!

Inge Reiner

Sinnesmaterialien

Sinnesmaterial ist alles, was durch unsere Sinne erfaßt werden kann:
die menschliche Stimme, deren Klang wir hören,
die Rose, deren Duft wir riechen und deren Dornen wir fühlen,
die Landschaft, die wir betrachten,
der Wind, den wir spüren,
der Stein, dessen Gewicht schwer auf unserer Hand liegt,
der Apfel, dessen Süße wir mit der Zunge schmecken.
Manche Pädagogen setzen leider allzu oft zu viele sterile, sogenannte didaktische Materialien ein, die angeblich eigens für die Sinneswahrnehmung der Kinder konstruiert sind. Da gibt es z.B. Duftdöschen, Tastplättchen, Farbkarten, Toncassetten etc.
Zugegeben – es gibt wunderschönes Spielzeug für die Sinne, das man nicht einfach wie einen Stein am Boden findet: Dazu gehören z.B. Kaleidoskope. Aber viele Materialien liegen doch dicht vor unserer Nase oder zumindest in unserer Nähe – sie müssen nur entdeckt bzw. „wahrgenommen" werden.
Im folgenden sind einige wertlose Materialien für wertvolle Sinnspiele zusammengestellt:

Fühlen, Tasten, Streicheln

– Korken, Kronkorken, Federn, Knöpfe, Strohhalme
– Wollreste, Kordel, Bänder, Schnüre, Seile, Stoffreste, Filze, Tücher, Teppichreste, Tapeten, Papiere, Bierdeckel
– Schleifpapier verschiedener Körnung
– verschiedene Metallteile wie z.B. Scheiben, Winkel, Blechstückchen, Nägel
– Sand, Kies, Kieselsteine, Ton, Holzstückchen mit und ohne Rinde, Rinden, Blätter, Zweige von Nadelbäumen, Tannenzapfen, Buchekkern, Kastanien, Eicheln, Moos, Erde, Muscheln, Schneckenhäuser, Federn

Mit den genannten Materialien können zahlreiche Tastspiele hergestellt werden: Tastspaziergang für die Hände, Tastkim, Tastlotto, Tastbilderbuch, Tastwand, Fuß-Tastpfade, Tastsäckchen.

Hören

– Dosen, Blechdosen, alte Blechdeckel und Töpfe, Kochlöffel, Schneebesen, große Nägel
– Papprollen oder -röhren, Joghurt- und Quarkbecher
– Waschmitteltonnen, Kartons, Schachteln, Zigarrenkistchen
– Sand, Steinchen, Holzstückchen, Kronenkorken, Knöpfe
– Reis, Erbsen, Linsen, Bohnenkerne
– Tesaband, Schnur, Gummiband, Gummiringe

Blechdosen, Papprollen oder kleine Schachteln mit Sand, Steinchen, Erbsen füllen, zukleben

und als Schüttel- oder Klangdosen für selbst ausgedachte Geräuschspiele verwenden.
Für eine „Zupfgeige“ spannt man ein Gummiband über einen offenen Karton.
Joghurt- und Quarkbecher eignen sich gut zur Herstellung von Rasseln. Waschmitteltonnen können als Trommel verwendet werden. Große Nägel, frei aufgehängt, klingen, wenn sie angeschlagen werden. An einer Schnur aufgereihte Kronkorken ergeben ein Schellenband.

Riechen

- Verschiedene Naturmaterialien, die riechen, z.B. frische Holzstückchen, Sägemehl, Blätter, Zapfen, Blumen, Früchte
- Gewürzpflanzensträußchen, z.B. Thymian, Rosmarin, Schnittlauch
- Teesträußchen, z.B. Pfefferminze, Kamille, Schafgarbe

Gläser ohne Eigengeruch können mit duftenden Gegenständen gefüllt werden. Die Gläser bemalen oder bekleben, damit das „Riech-Gut“ nicht gesehen werden kann. Ein Fließpapierstreifen, ein Bierdeckel oder ein Wattebausch im Glas kann z.B. mit ätherischen Ölen beträufelt werden.

Eine reiche Auswahl von Sinnesmaterialien zum Kaufen findet man u.a. bei den Firmen
Dusyma, D-73614 Schorndorf-Miedelsbach,
Wehrfritz, D-96476 Rodach,
Widmayer, D-73773 Aichwald-Aichschieß,
Spielboutique 2000, CH-8600 Dübendorf.

Bücher, die Sinnesspiele beschreiben

Hajo Bücken: **Kimspiele,** Spiele zum Sehen, Schmecken, Riechen, Tasten, Hören und Denken, H. Hugendubel Verlag, München 1984

Susanne Stöcklin-Meier: **Die schönsten Spiele mit Tüchern,** Orell Füssli Verlag, Zürich 1987

Uli Geißler: **Spiele mit Seilen und Tüchern,** Ökotopia-Verlag, Münster 1991

Hans Fluri: **1012 Spiele und Übungsformen in der Freizeit,** Verlag Karl Hofmann, Schorndorf 1984

Gertrude Maurer: **Steine um uns.** Mein erstes Gesteine- und Materialienbuch, Jugend und Volk Schulbuchverlag, Wien-München 1980

Dorotheé Kreusch-Jacob: **Mein Instrument mach ich mir selbst.** Ein Bastel- und Spielbuch, Ravensburger Buchverlag Otto Maier, Ravensburg 1987

Wolfgang Löscher: **Der Wind, das himmlische Kind.** Spiele und Materialien zum Thema Naturerscheinungen, Don Bosco Verlag, München 1989[2]

ders.: **HÖR-Spiele.** Sinn-volle Frühpädagogik, Don Bosco Verlag, München 1992[4]

ders.: **RIECH- und SCHMECK-Spiele.** Sinn-volle Frühpädagogik, Don Bosco Verlag, München 1992[4]

Rudolf Seitz: **SEH-Spiele.** Sinn-volle Frühpädagogik, Don Bosco Verlag, München 1994[5]

ders.: **TAST-Spiele.** Sinn-volle Frühpädagogik, Don Bosco Verlag, München 1993[6]

ders.: **Kunst in der Kniebeuge.** Ästhetische Elementarerziehung, Don Bosco Verlag, München 1993[7]

ders.: **Zeichnen und Malen mit Kindern.** Vom Kritzelalter bis zum 8. Lebensjahr, Don Bosco Verlag, München 1993[6] ders.: **Spiele mit Licht und Schatten,** Don Bosco Verlag, München 1984

Dieter Stork/Reinhard Horn: **Feuer, Erde, Wasser, Luft.** Umwelt erleben in Kindergarten und Grundschule, Don Bosco Verlag, München 1993

„Sinnliche" Bücher für Kinder

Aliki: **Gefühle sind wie Farben,** Julius Beltz Verlag, Weinheim und Basel 1987

Zu meiner Welt gehören **Berührungen,** Herold-Verlag Brück, Fellbach 1991

Mary Rahn / Otto-Heinrich Kühner: **Das Lächeln,** Dr. Hans Peters Verlag, Hanau 1991

Irmgard Eberhard: **Mach auf – schau rein,** Ravensburger Buchverlag Otto Maier, Ravensburg 1992

Neil Ardley: **Mein erstes Buch von der Farbe,** Tessloff Verlag, Nürnberg 1991

Sabine Lohf: **Das Farbenbuch für Kinder – Lila, Rot und Himmelblau,** Ravensburger Buchverlag Otto Maier, Ravensburg 1992

Fingerbuch 4: **Hände zum Streicheln und Schmeicheln, zum Knuffen und Puffen,**
Herder-Verlag, Wien 1991

Michael Lemke: **Jetzt kann ich zaubern.** Ein Bastelbuch für Zauberlehrlinge, Ravensburger Buchverlag Otto Maier, Ravensburg 1986

Rudolf Seitz

12 kreative Vorschläge zum Umgang mit diesem Buch

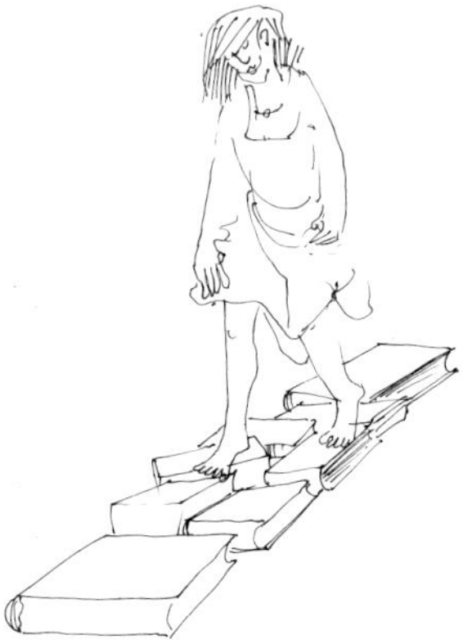

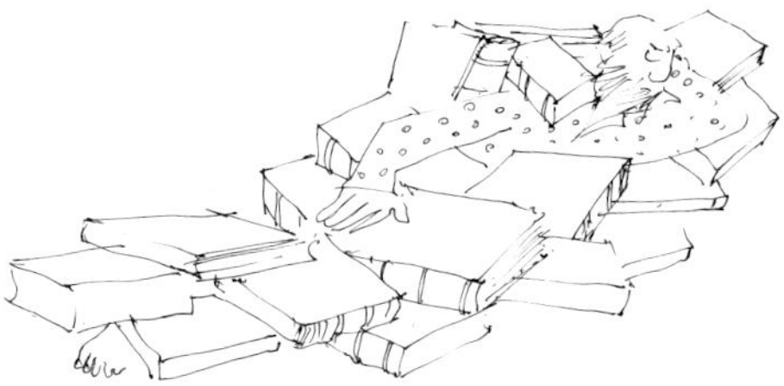

Verzeichnis der Autorinnen und Autoren

Maria Caiati, Erzieherin, Leiterin einer Kindertagesstätte in München. Schwerpunkte: Spielpädagogik, Kreativitätsförderung. Veröffentlichung: Freispiel-Freies Spiel.

Elmar Gruber, Pfarrer, Referent für religionspädagogische Aus- und Fortbildung in der Erzdiözese München-Freising. Zahlreiche Veröffentlichungen, darunter: Kinder fragen nach Gott.

Gisela Hagedorn, Erzieherin, Bezirksleiterin und Fachberaterin in München. Mitbegründerin des Projektes „Sinnenreiche der Kinder", Mitarbeit bei mehreren Büchern von W. Löscher.

Heike Hauck, Erzieherin, stellvertretende Leiterin einer Kindertagesstätte in München. Schwerpunkte: Hortarbeit, Theaterspielen mit Kindern, Werken.

Ludwig Lambrecht, Lehrer, Spielpädagoge, Mitbegründer des GRIOTS e. V. (Verbreitung der afrikanischen Erzählkunst), Projekt „Humorakel" – Erlebniswald, Linden. Veröffentlichungen: Spaß-Spiele zum Mitlachen/In Frieden spielen.

Haimo Liebich, Kulturpädagoge, Mitbegründer der „Pädagogischen Aktion" in München. Seit 1990 ehrenamtlicher Stadtrat in München, mit Zuständigkeiten vor allem in der Kinder- und Jugendarbeit, Kultur- und Bildungspolitik.

Margarete von Löwensprung, Lehrerin, Atelierleiterin „Schule der Phantasie". Interdisziplinäre Forschung: Schwerpunkte: Kymatik, Harmonik. Interkulturelle Pädagogik, Klangwerkstatt. Veröffentlichungen: Kymatik – Schwingungsbilder (s. S. 71). Fast vergessene Schätze – Überlieferte Kinderlieder und -spiele.

Brigitte Merget, Erzieherin, Leiterin einer Kindertagesstätte in München. Schwerpunkte: Musikerziehung.

Wilhelm M. A. Müller, akademischer Bildhauer, ehem. Dozent für plastisches Gestalten. Schwerpunkt: kreatives Arbeiten mit Kindern. Veröffentlichung: Elementares Arbeiten mit Ton (vergriffen).

Herbert Österreicher, Gartenbauingenieur, Freiflächenplaner, Umweltpädagoge. Schwerpunkte: naturnahe Gartengestaltung, Kurse und Projekte zur Umwelterziehung für Kinder, Jugendliche und Erwachsene.

Christa Pilger-Feiler, freischaffende Fotojournalistin, Mitbegründerin des Projektes „Sinnenreiche der Kinder"; Schwerpunkte: Portrait, Pädagogik und Psychologie.

Inge Reiner, Erzieherin, Fachberaterin für Ausländerfragen; Medien- und Kindertagesstätteneinrichtung im Schulreferat der Landeshauptstadt München. Schwerpunkte: Fotografieren und Filmen mit Kindern, Wahrnehmungsförderung, interkulturelle Förderung, Veröffentlichungen: Phänomenales Spielzeug in Wehrfritz, Wissenschaftlicher Dienst.

Rudolf Seitz, Professor an der Akademie der Bildenden Künste München, bis 1988 deren Präsident; Lehrstuhl für Kunsterziehung (Theorie) und Kunstpflege. Schwerpunkte: Ästhetische Erziehung im vorschulischen, schulischen und außerschulischen Bereich, „Schule der Phantasie", „Sinnenreiche der Kinder". Zahlreiche Veröffentlichungen (vgl. z.B. S. 152f).

Marina Strothmann, Lehrerin, Dipl. Psychologin, Psychotherapeutin BDP. Schwerpunkte: Wahrnehmungsförderung. Veröffentlichungen: Hilfen bei spezifischen Entwicklungsbedürfnissen visueller Förderung in: Handbuch der Sonderpädagogik, Bd. 12 / Visuelle Stimulation (mit M. Zeschitz).

Bruno Wendnagel, Kunsterzieher, Leiter der „Schule der Phantasie“ im Schulreferat der Landeshauptstadt München, Lehrauftrag an der Akademie der Bildenden Künste in München, langjährige Mitarbeit im Museumspädagogischen Zentrum in München, Mitbegründer des Projektes „Sinnenreiche der Kinder“.

Sonstige Mitwirkende

Die ausländischen Sprachbeispiele auf Seite 39 stellten zusammen:

Rosalba Allinger, italienisch
Franziska Hagedorn, englisch
Epteroglu Birsen, türkisch
Éva Virányi, ungarisch

Beim „Sinnenprojekt“ wirkten neben den obengenannten Autoren mit:

Bärbel Seffert, Doris Kunz, Edeltraud Prokop, Walburga Ranzinger.

Folgende Städtische Münchner Kinderkrippen, Kindergärten und Horte waren bei den Sinnesspielen beteiligt:

Kinderkrippe am Gustav-Heinemann-Ring
Kinderkrippe am Oskar-Maria-Graf-Ring
Kindergarten an der Alfonsstraße
Kindergarten an der Quiddestraße
Kindergarten an der Lüdersstraße
Kindergarten an der Westendstraße
Kindergarten an der Albert-Schweitzer-Straße
Hort am Karl-Marx-Ring